コストゼロでつくる 小さな会社の健康な職場

富田崇由
TOMIDA TAKAYOSHI

幻冬舎MC

はじめに

近年、働く人の健康問題に注目が集まっています。

労働力人口が急速に減少している日本では、心身の不調による休職者・離職者が出てしまうと生産性が落ちるうえに、不足した人材を補うのも容易ではありません。

ところが、実際に働く人の健康増進に組織として取り組んでいる企業は多くありません。現在の日本では、労働安全衛生法により従業員50人以上の職場は産業医を選任することが義務付けられ、従業員が1000人以上の大手企業は専属の産業医をおくことが定められています。こうした大手を中心とした一部の企業が、産業医の協力のもと健康経営を進め始めています。

一方、従業員50人未満の小規模事業所にはこのような法律上の規定はありません。健康経営は産業医と契約するコストや人員に余裕があるところが行うものであって、自分たちには関係がないと考えている経営者や人事・労務担当者もまだまだ多いと感じます。

しかし「健康経営」や「従業員の健康づくり」は必ずしも産業医がいなければできない

わけではありません。また、取り組むべき内容も決して特別なことではないのです。

私は小規模事業所専門の産業医として、すべての働く人が健康を維持しながら幸せに働ける社会になってほしいという気持ちで日々活動しています。そこで、小さな会社ならではの現実を踏まえながら費用を掛けず効果的に働く人の健康増進につながる方法を紹介したいと考え、本書を執筆することにしました。

働く人の健康を考えたとき最も重要なポイントは心筋梗塞、狭心症、脳卒中といった命に関わる病気を招く「生活習慣病」を予防することにあります。そして生活習慣病の兆候を含めた体調変化を知ることができる身近なツールが、毎年職場で行われている「定期健康診断」です。労働安全衛生法で定められた定期健康診断は、会社の規模にかかわらずどの会社も行っています。しかし、ほぼすべての会社で「ただ受けさせるだけ」にとどまっているのです。

生活習慣病というと食事や運動といった個人の生活習慣によるものと思われていますが、定期健診でチェックする血圧や血糖値、脂質といった指標は、実は働き方とも密接な関係があります。

そのため定期健康診断の結果に合わせて職場環境を改善すれば、社員の健康を維持しメンタル不調の発症・悪化も防ぐことにもつながります。さらには休職率・離職率も軽減でき、生産性を向上させることも可能になるのです。

小さな会社でも、コストを掛けずに健康な職場をつくる方法はたくさんあります。

そこで本書では「定期健康診断」を活用した職場づくりについて解説していきます。

小さな会社こそ経営者やそこで働く人々が少し意識を変えるだけで、年齢・性別にかかわらず心身ともに健やかで充実した働き方を実現することができます。本書がそのために少しでも役に立てれば、著者としてたいへんうれしく思います。

コストゼロでつくる小さな会社の健康な職場　目次

［第2章］　職場に潜む、気づかない健康被害――

定期健康診断の結果を見れば職場の改善すべきポイントがわかる

［第3章］小さな会社こそ社員全員で取り組む
定期健康診断結果を踏まえた「健康な職場づくり」への第一歩

［第4章］定期健康診断の結果をもとに職場環境や業務の質・量を改善する

［第1章］

職場の「定期健康診断」は社員に受けさせただけでは意味がない！

話題の「健康経営」は、誰のためのもの？

近年、日本の企業の間で「健康経営」という言葉が広まっています。「わが社も健康経営に挑戦したい」「うちの会社でもできるだろうか」と、本書を手にされた方もいるかもしれません。あるいは健康経営に取り組みたいが具体的に何をしていいかわからない、健康経営に着手してはみたもののいまひとつ効果が上がらない、そういった声もよく聞かれます。

健康経営とは何かを定義すると次のようになります。「従業員の健康管理を経営的な視点でとらえ、戦略的に健康づくりに取り組むこと」。従業員の健康管理は企業にとってコストではなく、組織の成長・発展のための投資であるとする考え方です。

健康経営に注目が集まるようになったのは、2015年に経済産業省と東京証券取引所が「健康経営銘柄」を発表した頃からです。これは当時の安倍内閣が打ち出した日本再興戦略のなかの「国民の健康寿命の延伸」の取り組みの一つです。投資家にとって魅力ある企業を選定・公表することで、企業の健康経営を後押ししようとするものです。

2017年には同じく経済産業省が、健康経営優良法人の認定制度をスタートしています。経済産業省では、その目的を「健康経営に取り組む優良な法人を『見える化』することで、従業員や求職者、関係企業や金融機関などから『従業員の健康管理を経営的な視点で考え、戦略的に取り組んでいる法人』として社会的に評価を受けることができる環境を整備すること」と説明しています。最新の健康経営優良法人2021には、大規模法人部門で1788法人、中小規模法人部門で7928法人が認定されています（経済産業省ホームページ、2022年1月現在）。

コロナ禍によって健康がますます意識されるようになり、今では健康経営はちょっとしたブームとも呼べる状況にあります。多くの企業がこの流れに乗り遅れまいと、さまざまな取り組みを始めています。

背景にあるのは、日本社会の少子高齢化や生産年齢人口の減少に対する強い危機感です。国の統計でも2018年には7500万人余りであった生産年齢人口が、2065年には約4500万人まで減少すると試算されています。

人数の多い高齢世代が退職していく一方で、若い世代は人数が限られています。退職者を補うだけの採用は年々困難になっています。さらにコロナ禍でメンタル不調者や休職・離職者も後を絶ちません。そこで少しでも企業イメージを向上させ、採用や人材確保で有利になるために健康経営に乗り出す企業も多くなってきました。あるいはメンタル不調を減らす対策として健康経営をとらえている経営者もいます。

しかし私はこうした健康経営のとらえ方に少々疑問を感じています。

働く人の健康づくりは、すべての会社に必要な当たり前のこと

私は働く人の健康を守る産業医です。産業医といっても、実際には何をしている人なのかなかなか一般の人には認識されていないかもしれません。

産業医とは医学的な知見から助言や指導を行い、働く人の心身の安全を守り、健康保持・増進をサポートする医師です。企業のなかで専業として勤務している産業医もいれば、病院やクリニックの医師として働きながら産業医の活動をしている医師もいます。私自身も産業医としての事業を行いながら訪問診療も行っています。

企業の人たちとお話をしていると、ときどき私のことをコンサルタントか何かと思われていて医師だと気づいてもらえないこともあります。常に白衣を着ていかにも医者然とした振る舞いをすればいいのかもしれませんが、それでは働く人たちの本音や職場が抱える問題の本質に迫ることはできません。私は職場をより良くする仲間の一人でありたいという気持ちもあり、今も試行錯誤をしながら働く人の心身の健康のために活動をしています。

そんな私がなぜ健康経営に違和感を覚えるのか、不思議に思われた人もいるかもしれません。働く人の健康を考える産業医であれば健康経営は歓迎すべき動きのはずです。

しかしよく考えてみると、採用や人材確保のための健康経営というのは従業員のためというより、経営者側の視点からの戦略です。これが間違った方向に行ってしまうと、企業が生産性の高い人＝健康で長く働ける人を選別することにもつながりかねません。そうなるとたばこを吸う人や血圧が高い人は不採用やリストラの対象になり、学生が企業に就職するときには健康証明書を提出しなければならないなど、従業員の健康がおかしな方向に利用されてしまいます。

私は人材獲得や企業の発展のために従業員の健康を管理するというのは、順序が違うように思います。その会社で働くすべての従業員が健康に働けることで、結果的に売上や生産性が上がるというのが本来のあるべき姿のはずです。

働く人の健康を守る業務全般を「産業保健」といいますが、産業保健の教科書には職場の健康とは「職場において労働者が健康で安心して働けること」とあります。従業員一人ひとりが心身ともに健やかに働き続けることができる、病気をもつ人や障害のある人も含めて誰もが安心して働ける、そういう職場にしていくことが真の意味での健康な職場づくりであり健康経営です。

これは大手企業や一部の先進的な会社が取り組めばいいような特別なことではありません。企業の事業規模や従業員数、そのときの業績などにかかわらず、すべての職場に必要な当たり前のことです。

従業員50人以上と、50人未満の職場にある健康格差

私が産業医として活動していて日々感じるのは、健康経営に熱心な大手企業とそうでは

ない小規模事業所との意識の違い、つまり健康格差です。

この格差の原因の一つにあるのが産業保健にまつわる法律です。

現在の日本では労働安全衛生法により常時50人以上の従業員がいる事業場は、産業医を選任することが義務付けられています。会社が産業医と契約をして組織として従業員の健康管理をするようにと定められているわけです。

従業員数が1000人を超えると企業に勤務する専属産業医をおく義務が生じます（有害物質を取り扱う職場では500人以上）。このような大手企業には産業医や産業保健師、産業看護師、心理士などの専門職と、企業内の安全・衛生の担当者などからなる産業保健チームがあり、定期的に集まって職場の健康・安全上の課題を話し合い、従業員の健康保持・増進のためにさまざまな取り組みをしています。

従業員数50人以上の職場では、次のようなことをしないと法律違反になります。違反がわかったときは労働安全衛生法第120条にのっとり、50万円以下の罰金という罰則規定もあります。

・産業医の選任
・衛生管理者（職場内の産業保健の担当者）の選任
・衛生委員会の設置（職場の安全衛生に関する話し合いの機会をもうける）
・定期健康診断の実施と結果提出（定期健康診断の結果を労働基準監督署に提出）
・ストレスチェックの実施と報告（高ストレス者には、医師が面接指導）

これに対して従業員50人未満の職場にはこのような義務はありません。50人未満の職場は「労働者の健康管理などを行うのに必要な医学に関する知識を有する医師などに、労働者の健康管理などの全部または一部を行わせるように努めなければならない」（厚生労働省・都道府県労働局・労働基準監督署）となっており、いわゆる努力義務にとどまっています。

そのために小規模事業所の従業員の健康管理・健康増進はそれぞれの職場まかせ・労働者まかせになっています。50人未満の小規模事業所の経営者には、従業員の健康づくりや健康経営は「お金と人手に余裕のある会社がするもの」「自分たちには関係がない」――

そんな感覚の経営者たちも少なくないのが現実です。

小さな会社こそ、健康づくりが必須

確かに大手企業と中小企業・零細企業では、資金力も人材の幅もまったく異なるのは事実です。しかしながら大手企業に勤務する人だけが健康に働くことができ、それ以外の人は不健康になってもしかたないというのはおかしな話です。基本的な人権に反しますし、日本社会全体にとっても決して良いことではありません。

平成26年経済センサス‐基礎調査によると日本の企業を企業数でみた場合、大企業はわずか0・3％に過ぎません。全体の99・7％を中小企業が占めています。

従業員数では大企業に勤める人は約3割で残る約7割が中小企業に勤務しています。中小企業という枠には従業員が50人を超える中規模事業者も含まれますから、それを除いたとしても従業員50人未満の職場に勤める人はざっと日本の労働者全体の半分くらいと見積もることができます。従業員の健康管理の義務を50人で区切るということは、日本の労働者の半分は必要な健康管理が行われないまま放置されるということです。

［図表１］　従業員数と産業医選任

<table>
<tr><th rowspan="2">業種</th><th rowspan="2">事業場規模
（常時使用する労働者数）</th><th colspan="2">産業医の選任</th></tr>
<tr><th>人数</th><th>専属の産業医の選任が必要な事業場</th></tr>
<tr><td rowspan="5">すべて</td><td>50人未満</td><td colspan="2">産業医の選任義務なし</td></tr>
<tr><td>50～499人</td><td rowspan="3">1人</td><td>嘱託で可</td></tr>
<tr><td>500～999人</td><td>嘱託で可
ただし、特定義務の事業場では専属産業医</td></tr>
<tr><td>1,000～3,000人</td><td rowspan="2">専属産業医</td></tr>
<tr><td>3,001人以上</td><td>2人</td></tr>
</table>

出典：「産業医トータルサポート」

さらにいえば、そもそも小さな会社こそ働く人の健康管理の重要度は高いはずです。小さな会社は大企業に比べて、一人ひとりが受けもつ業務の範囲が幅広くなります。一人が病気やメンタル不調で抜けてしまうだけで同僚はもちろん周りの部署まで負担が及ぶことも多々あります。従業員が個々に担っている役割が大きいほど、代わりの人材をみつけるのも容易ではありません。また、事業規模が小さいと新規採用にもそれほど費用を掛けられませんし募集をかけてもそもそも応募者が集まらない、そういう職場も少なくないはずです。

こうした点からも小さな会社ほど従業員と一人ひとりが心身ともに健康な状態で気持ちよく働き続けられることが大切です。

コストを掛けなくても、健康な職場はつくれる

とはいえ、小さな会社が大手と同じような産業保健活動をしようと思うと当然コストも労力も掛かります。産業医と契約をすれば月々の費用が発生しますし、窓口となる人員も必要です。だからこそ「お金や人手がないとできない」と思われるのだと思いますが、実はそれこそが大きな誤解です。

小さな会社でも、コストを掛けずに従業員が自分たちでできる健康づくりはたくさんあります。そのことを少しでも多くの人に知っていただきたいと思っています。

むしろ職場の健康づくりにおいて、産業医のような専門家にできることは限られています。健康経営に力を注ぐ大手企業もそうですが、産業医や産業保健の専門家がすることは医学的な情報を提供したり、健康管理をするきっかけづくりをしたり、働く人が困ったときに相談にのったりというアドバイザーやサポーターのようなことに過ぎません。実際に健康な職場をつくっていくのは経営者や人事労務の担当者、そして従業員です。

自分たちでやるといっても何をしたらいいかわからない、あるいは健康の知識が少ない

素人だけで効果の上がる取り組みができるとは思えないと考える人もいます。けれども働く人たち一人ひとりの意識や行動が変わると、職場の健康度は思った以上に上がります。私のこれまでの経験からもそれは確実にいえることです。

IT関連企業でメンタル不調者が多く、若手社員もどんどん辞めていくというような会社でも社員の行動を少し変えるだけで職場の雰囲気がガラッと変化し、働きやすい職場になることがあります。40～50代以上の中高年が多い職場では高血圧や糖尿病、腰痛などの病気や不調が多くても年だから仕方がないと思いがちですが、働き方や生活習慣に気をつけていくと健康度が改善します。そして健康な社員が増えるとそれだけで不思議なほど職場全体がいきいきとしてきます。

定期健康診断は、職場の健康づくりのすべての基本

小さな会社で職場の健康づくりを考えたいというときに活用できるのが、毎年職場で行っている定期健康診断です。

職場の定期健康診断は事業規模や従業員数にかかわらず、会社が労働者に対して実施す

ることが義務付けられています（労働安全衛生法など各種法令による）。どの会社でも雇い入れ時の健康診断や、半年～1年に1回程度の定期健康診断を行っていることと思います。

この定期健康診断は実は職場の健康づくりにおいて、最も基本となるものです。職場の産業保健（労働衛生）の基本要素となるのが次の3つです。3つの管理なので「3管理」とも呼ばれます。

①作業環境管理（職場環境にある危険や健康障害につながる有害因子を取り除く）
②作業管理（心身の健康に有害となる業務の内容や方法、労働時間などを管理する）
③健康管理（健康障害を予防・早期発見し、労働者の健康を保持・増進させる）

事故のリスクが高い職場、危険物を扱うような職場では①作業環境管理や②作業管理の比重が大きくなりますが、現代日本のオフィスワークがメインの職場では③の健康管理が対策の中心となってきます。特に社会の高齢化が進んでいる日本では業種に関係なくすべ

［図表2］　労働衛生の5管理のチャート

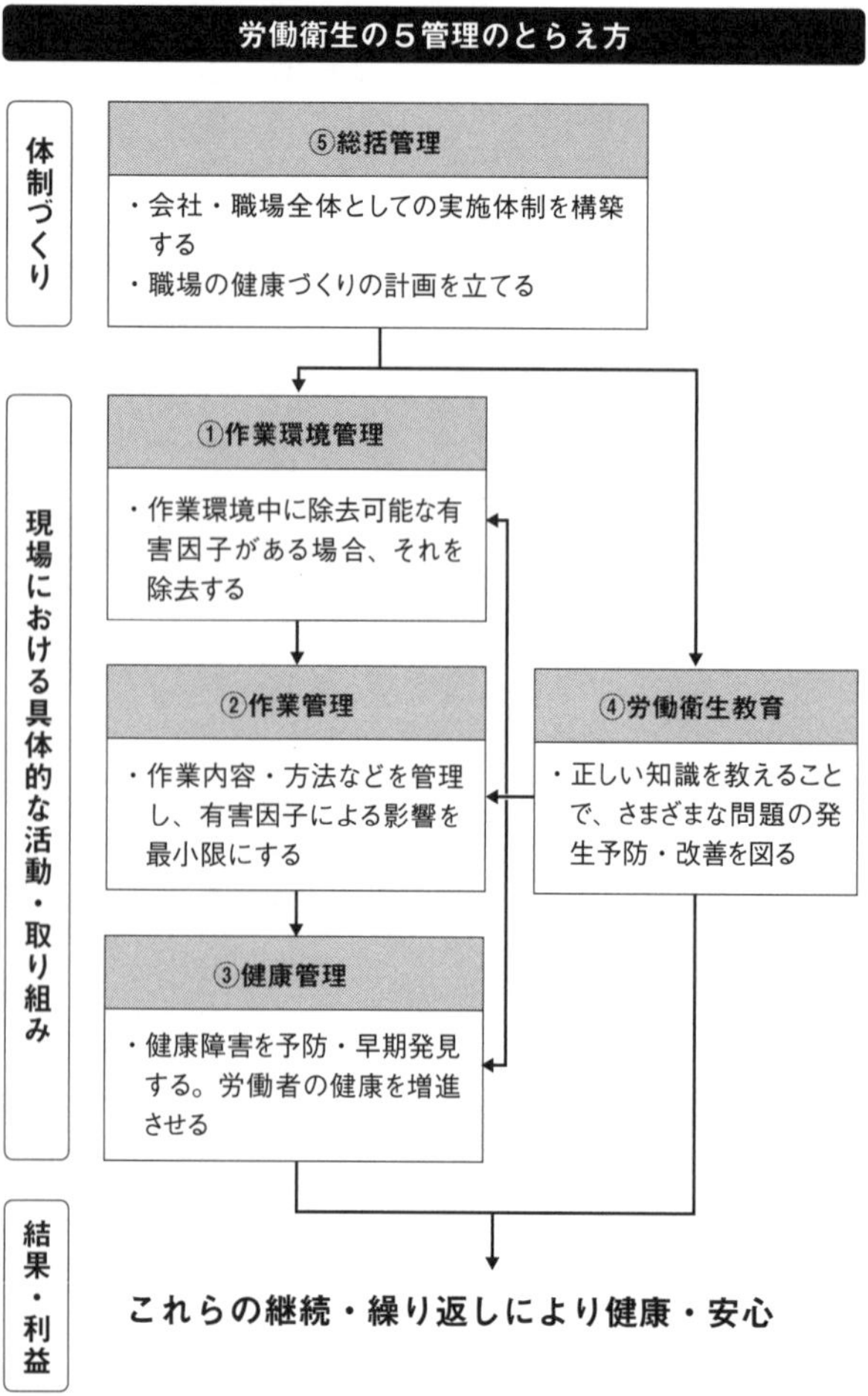
労働衛生の5管理のとらえ方
体制づくり
⑤総括管理
・会社・職場全体としての実施体制を構築する
・職場の健康づくりの計画を立てる
現場における具体的な活動・取り組み
①作業環境管理
・作業環境中に除去可能な有害因子がある場合、それを除去する
②作業管理
・作業内容・方法などを管理し、有害因子による影響を最小限にする
③健康管理
・健康障害を予防・早期発見する。労働者の健康を増進させる
④労働衛生教育
・正しい知識を教えることで、さまざまな問題の発生予防・改善を図る
結果・利益
これらの継続・繰り返しにより健康・安心

出典：「職場の健康がみえる　産業保健の基礎と健康経営　第1版」P. 7より一部改変

ての職場で健康管理が必要でありその基礎データとなるのが定期健康診断です。

なお、この3管理に次の二つを加え産業保健（労働衛生）の「5管理」の取り組みを行っていくことが職場の健康づくりの全体像になります。

④労働衛生教育（労働者が健康を保持・増進するための正しい知識を提供する）

⑤総括管理（職場全体での、健康づくりの実施体制を構築し、計画を立てる）

なぜ働く人の定期健康診断を行う必要があるのか

近年、働く人の定期健康診断がこれまで以上に大切になってきています。なぜなら日本の社会構造が変化しているからです。

変化の一つは日本は世界で最も少子高齢化が進んだ国になり働く人たち全体の年齢が高くなっていることです。労働者の年齢が高くなるとそれだけ健康に不安を抱える人が多くなります。

例えば1990年、今から30年余り前は健康診断で異常所見がある人の割合を指す有所見率は20数％でした。職場で定期健康診断をして何か異常を指摘される人は、だいたい4～5人に1人くらいだったわけです。

ところがその後の社会の高齢化とともに有所見率は右肩上がりに増え続け、2018年にはついに55％を超えています（厚生労働省、定期健康診断結果調）。つまり日本の働く人の2人に1人以上が健康診断で高血圧や高血糖、血中脂質異常、肝機能障害などなんらかの異常を指摘されているのです。

高血圧や糖尿病、脂質異常症といった生活習慣病を長く放置していると、血管を傷めて動脈硬化を進行させ心筋梗塞などの心疾患や、脳梗塞や脳出血といった脳血管疾患を引き起こします。

昨日まで元気に仕事をしていた同僚がある日突然に職場や自宅で倒れ、帰らぬ人になる、という状況は脳や心臓の血管障害が原因になっている例が多いものです。脳血管疾患というと年配の人に多いイメージをもっている人もいるかもしれませんが、脳梗塞などは働き盛りの30～50代でも決して珍しくありません。

怖いのは生活習慣病は本人に自覚症状がほとんどないことです。生活習慣病を早期に発見したりその予兆に早い段階で気づいたりするためには年に1回以上の定期健康診断が欠かせません。

さらに社会構造の変化により、仕事内容や働き方も変化しています。近年は高度な情報社会になり業務が複雑化しています。インターネットの普及で場所や時間を問わず仕事ができるようになり効率的になった反面、労働者のストレスは増大しています。

また日本では女性特有のがんの発症も増え続けています。女性の社会進出が進んで男性と同様の長時間労働を求められ女性の心身の負担が増えていることも一因かもしれません。

こうした社会の変化を踏まえ、労働者の健康障害を未然に防ぎ、できる限り心身ともに健康で幸せに働き続けるために定期的な健康診断が必要になるのです。

職場の定期健康診断の歴史

ちなみに、職場の定期健康診断の目的や内容は社会や産業構造の変化とともに変わってきています。

わが国では明治初期に欧州の衛生学が導入され、職業に由来する疾病予防が注目されるようになりました。当時は鉱山で働く労働者や製鉄・紡績・造船といった工場労働者の疾病予防や赤痢、コレラ、結核といった感染症対策が中心でした。

今から100年以上前の1911（明治44）年に公布され、日本の職場の定期健診を定める法令の原型となったのが工場法です。これによって常時15人以上を使用する工場に対し、職場での有害な要因の予防・除去や労働時間の制限などが規定されています。

1942年には工場法に基づいて一般労働者に対して身体測定、視力、聴力、ツベルクリン検査などの健康診断が行われるようになりました。この頃は戦時体制のなかで感染症予防と国民の体力向上のため、健康診断の体制が強化されていった時代です。

第二次世界大戦が終わった1947年には、工場法が改正されて労働基準法が公布されました。ここで雇い入れ時の健康診断、定期健康診断などが定められ、一般の労働者に身体測定、視力、聴力、胸部X線検査、喀痰《かくたん》検査などが実施されるようになっています。結核が猛威を振るっていた時期は、結核の疑いのある労働者に対し結核健診が実施されていたこともあります。

戦後復興期の50～60年代にかけては、金属鉱山労働者や粉じん作業をする労働者など、有害業務を行う人に対する特殊健康診断が義務付けられました（じん肺法ほか）。

70～80年年代には経済成長により国内産業がいっそう発展し、より幅広い労働者の安全衛生、健康管理が求められるようになります。

そして、１９７２年公布の労働安全衛生法に基づき職場における健康診断が一般化していきました。健診の検査項目も身体測定などに加え、血圧や尿検査、血液検査、心電図などが追加されていきました。現在に近い内容の職場の健康診断が確立されてきたのがこの時代といえます。

90年代から２０００年代に入ると、増え続ける生活習慣病とそれに由来する脳や心臓の血管障害などの予防が職場における健康診断のおもな目的になってきます。

２００７年には職場の健診に腹囲やＬＤＬコレステロール検査が加わり、翌年２００８年からは職場の労働者に限らず40歳以上の全国民を対象とした特定健康診査（いわゆるメタボ健診）が実施されるようになっています。

［図表３］　一般労働者を対象とした健康診断等の歴史

年　法	対象者	検査項目
1938年 工場法	職工	（法令による規定なし）
1942年 工場法	職工	身体測定、視力、聴力、ツベルクリン検査
1947年 労働基準法	一般労働者※	身体測定、視力、聴力、胸部X線検査、喀痰検査、赤血球沈降速度
1956年 労働基準法	結核発病疑い者	結核健診
1972年 労働安全衛生法	一般労働者	血圧、尿検査を追加
1989年 労働安全衛生法	一般労働者	血液検査（肝機能・脂質代謝・赤血球数等）、心電図検査を追加
1996年 労働安全衛生法	一般労働者	実施後の措置を追加
1998年 労働安全衛生法	一般労働者	HDLコレステロール、血糖またはヘモグロビンA1cを追加
2000年 労災保険法	有所見者	二次健康診断（頸動脈超音波検査等）
2007年 労働安全衛生法	一般労働者	腹囲、LDLコレステロールを追加。総コレステロールを削除
2009年 労働安全衛生法	結核発病疑い者	結核健診を廃止
2010年 労働安全衛生法	一般労働者	胸部X線検査の省略基準（20、25、30、35歳以外の40歳未満は省略可等）を告示

※労働基準法に基づく時代は50人未満の農林水産業や金融・保険業等の労働者を適用除外

出典：「産業医と労働安全衛生法の歴史」

近年は現代社会に合わせた新しい健康診断も登場しています。心の病やストレスによる不調が増加していることを受け、2015年からは年1回のストレスチェック実施が義務付けられました（従業員50人以上の事業場）。

また、業務でパソコンなどのディスプレイに向かう時間が長い人を対象とした「情報機器作業健診」、配送業や介護職などの腰に負荷がかかる業務に従事する人のための「腰痛健診」などもあります。

このように職場の健康診断の歴史をひもとくと、働く人々の健康保持・増進のために職場の定期健康診断をはじめとした各種健診が大きな役割を果たしてきたことがよくわかります。

「ただ健診を受けさせるだけ」は、もったいない

会社内の定期健診の担当者はとりあえず毎年のことだからと社員に健診受診を促し、大多数の社員が健診を受けていればそれでよしとしていることが多いのではないかと思います。

従業員が50人以上の職場は労働基準監督署に毎年の健診結果を報告する義務がありま す。しかし50人未満はそれもありませんから、本当に「受けさせているだけ」という会社が少なくないようです。

職場の定期健康診断にもいろいろな種類がありますが、最低限の一般健康診断でも一人あたりの費用は7000円以上です。平均的には1万～1万5000円くらいが中心です。従業員が30人の職場であれば1回の定期健康診断で30～45万円の負担になります。決して少ない負担ではないのにそれを職場の健康づくりに活用できていないのであれば、とてももったいないことです。

残念ながら、単に毎年の定期健診を受けさせただけで社員の健康度が上がるわけではありません。なぜなら、職場の定期健診で「経過観察」や「要精密検査」が1つか2つあっても、「まだそれだけで病気というわけではないから、大丈夫だろう」と考えてしまう人が大半だからです。

本来は健診の結果、異常がまったくなかった人はともかく「経過観察」などの異常が1つでもあった人はその時点で自分の生活の見直しをスタートさせることが大切です。生活習慣病はその名のとおり、日々の生活習慣の積み重ねが発症・悪化に大きく関与します。血圧や血糖値が高い、中性脂肪やコレステロールに異常があるとわかったときには、早い時期に生活の見直しを始めるほど改善効果も高くなります。

しかしそういう正しい健診結果の見方を知らなければ、そもそも数値を改善するために何か対策をしなければというモチベーションをもてません。そして毎年健診前の数週間だけアルコールや食事を少し控えて数値が良くなれば胸を撫でおろし、数値が悪くなっていると一時は心配するものの何カ月かすると忘れるという繰り返しになります。そうしているうちに年齢が上がり、生活習慣病が悪化したり改善が難しくなったりしてしまうことも多々あります。

職場の健康診断を受けたあとは「事後措置」といって生活改善などが必要な労働者に対して医師や保健師が保健指導をすることになっています。しかし、小さな会社では個別の指導などはほとんど行われていないのが現実です。

社員の健康状態は、働き方とも関係がある

会社として定期健診を行ってはいるものの、受診は本人まかせで健診受診率が低い会社もあります。厚生労働省の労働者健康状況調査（２０１２年）によると従業員数50人未満の職場の定期健康診断の受診率は、約79％にとどまっています。社員が10人いれば平均して2人くらいは健診を受けていないことになります。

確かに社員のなかには仕事の多忙さだけでなく、さまざまな理由で健診を拒否する人がいることがあります。会社の人事・労務担当者は、健康に関することは個人情報であり、個人が受けたくないというときはそれ以上立ち入ることはできないと思っている人もいるようです。

しかし、従業員に健診を受けさせることは法律で定められた会社の義務です。社員の健康保持・増進をすることが会社の責任でもあるのですから「なぜ受けたくないのか」を尋ね本人が納得して受診できるように働きかけをしなければなりません。

また社員の健康状態は食事や運動習慣、飲酒、喫煙といった個人の習慣や嗜好だけで決

まるものでもありません。実は働く人の心身の健康は、その職場での環境や働き方によっても変わってきます。

例えば長時間労働で帰宅が遅くおなかが空いて深夜にドカ食いをしてしまう、業務が集中して睡眠時間が十分に取れず、朝食も食べずに出勤している、週末に時間をつくって運動をしたいと思っても、普段から疲れ果てていて寝ているだけで終わってしまう……こういう生活スタイルの社員が多い会社・部署では定期健診でも血圧や血糖、血中脂質などに異常をもつ人が増えてきます。

このような場合、個々の社員に食生活などに気をつけるように伝えて自力で改善するように促すだけではあまり効果は上がりません。そしてそのような状態が長く続くほど、病気や不調を抱える社員が増え職場の活力が失われていきます。これを改善するためには、会社全体あるいは部署単位で業務負担のバランスや労働時間といった働き方を見直すことも検討していく必要があります。

また一般に職場の健康づくりというと、どうしてもメンタル不調対策や休職・復職支援といった部分に目を奪われがちです。しかし心の健康と体の健康は別々のものではありません。高ストレス状態が長く続いている人はメンタル不調のリスクだけでなく生活習慣病のリスクも高まります。逆にいうと、定期健診で確認できる身体的な健康度が上がると、それがメンタルヘルスの向上にもつながります。

つまり職場の定期健康診断の結果には、社員個人の問題だけでなく今の職場が抱えている課題やリスクも表れています。だからこそ定期健診を活用することで職場全体の健康度や活力をアップさせることができるのです。

定期健診から健康づくりを始め、会社も社員も幸せに

先日も知り合いの歯科医師と話していたのですが、多くの人は40~50代ぐらいになって歯や歯茎の異常に気づき10~20年ぶりに歯科医院を受診します。そこで虫歯や歯周病が進んでいれば歯を抜かなければならないこともあります。

本当はもっと若いうちから定期的に歯科医院を受診し、歯や歯茎の健康を意識していれば歯を抜かずに済んだはずです。しかし大きい問題が起こるまで受診の必要性に気づくことができず漫然と時間が過ぎるなかで次第に歯を失っていきます。

こうなると健康な歯を取り戻すことはできませんし、入れ歯やインプラントなど治療のための費用もかさんでしまいます。

現代の職場の健康障害の多くを占める生活習慣病にもこれと同じことがいえます。定期健診でわかった小さい変化を早い段階で有効な対策につなげることができれば、社員の健康度が上がり治療に掛かるはずだった医療費を抑えることができます。

反対にせっかく職場で定期健診をしていても「受けさせただけ」で何も手を打たなければ、時間とともに血圧や血糖、血中脂質を下げる薬を飲む人が増え続け、医療費も膨らむ一方です。

2019年度の国民医療費は総額44兆3895億円に上っており、3年連続で過去最高を更新しています。医療費の増加は、治療を受ける社員個人の負担にもなりますし、社員の健康保険料の半額を負担する会社の負担にもなります。

私自身は職場の定期健康診断の活用をはじめとして、日本全体で健康な職場が増えていくとみんなが健康になり、国民医療費は今の3分の1くらいまで減らせるのではないかと考えています。そうなると医療費や社会保障費の負担は減り、心身ともに健康に長く働ける人が増えて会社も社員もみんなが幸せに過ごせるのです。

少し大げさにいえば日本の社会全体を幸福にする可能性を秘めているのが職場の健康づくりであり、健康経営なのです。

第2章

職場に潜む、気づかない健康被害――
定期健康診断の結果を見れば
職場の改善すべきポイントがわかる

「一般健診」と「特殊健診」

会社（事業者）が社員に対して行うように法律で定められている健康診断には大きく2種類があります。「一般健康診断」と「特殊健康診断」です。

一般健康診断の目的は、生活習慣病をはじめとした健康障害の早期発見と予防です。雇い入れ時の健康診断や、年に1回行う定期健康診断などがこれに当たります。

法令で定められている職場の定期健診の検査内容は、身長・体重、腹囲や血圧、血糖、肝機能、心電図などです。医療機関や健診施設により、また健診のコースなどによっても少しずつ検査内容は異なります。さらに個人の希望に応じてがん検診などのオプション検査を加える場合もあります。

一方の特殊健康診断は業務によって起こりうる病気の予防、早期発見を目的としています。例えば建設業や工事現場で働く人が長期にわたって粉じん（細かい粒子）を吸い込むと、肺の組織が硬くなって呼吸が苦しくなるじん肺、という病気を発症します。これを予防するために「じん肺健康診断」として胸部X線検査を行います。ほかにも有害物質を扱う人を対象とした「鉛健康診断」「有機溶剤健康診断」「特定化学物質健康診断」などもあります。これらは6カ月に1回実施し、結果を労働基準監督署に報告することになっています。

会社に雇われて働く人は、業務内容に応じて定期的に一般健診の定期健診あるいは定期健診と特殊健診の両方を受けていくことになります。

このほかに会社の義務ではありませんが、特定の業務に従事する人の健康障害を予防するために推奨されている健康診断もあります。

なお、職場の定期健診とよく似たものに「特定健康診査（通称メタボ健診）」があります。これは会社ではなく健康保険組合や協会けんぽ、自治体などが実施するものです。生活習慣病、特にメタボリックシンドローム（メタボ）の早期発見を目的とした健診で、健康保険に加入する40～74歳の人の対象です。

特定健診は職場の定期健診と検査内容の多くが重なるため、40歳以上で働いている人では職場の定期健診が特定健診を兼ねていることがほとんどです。

健康診断は、目的に合ったものを毎年受けることが大事

健康診断に対して「自分は気になる不調もないし、健康には自信があるから受けなくても大丈夫」「何かあれば、自分で病院へ行くからいい」と考える人がいます。仕事や家事に追われていて、痛いところもないのに毎年の健康診断を受けるのが面倒だという人がいるのは私も理解できます。

しかし健康診断とはそもそも健康な人が受けるものです。健康な人を対象として体に負担の少ない簡便な検査を行い、進行すると命に関わる病気やその兆候がないかどうかをふるいにかける（スクリーニング）検査です。

ざっくりと病気がありそうかどうかを調べるものですから、必要なときは追加の検査や精密検査を行い、病気の有無や治療がいるのかどうかなどを判定します。

健康診断はそもそも本人も気づかない病気の〝芽〟を調べるものですから、気になる症状がないからとか去年の健診で異常がなかったからといった理由で、今年は受けなくてもいいということにはなりません。たとえ数値が正常の範囲内でも少しずつ健康状態が悪化

している場合もありますし、例年と比べて急に大きく数値が変わったときは何か病気が隠れている可能性もあります。少なくとも年に1回、毎年継続して受けて経年の変化を見ていくためのものなのです。

また健康診断は、その目的によって調べる検査項目が異なります。一つの健康診断ですべての病気の有無が調べられるわけではありませんから、目的に合ったものを受診していくことも重要です。乳がんなどの婦人科がんは、職場の定期健診では調べられないことも多く、個人で受診しなければならない場合もあります。

ちなみに「健診」と「検診」は音が同じですが、少し意味合いは異なります。健診は職場の定期健診などの一般的な健康診断を指すのに対し、検診は「がん検診」「婦人科検診」「眼科検診」など特定の病気の有無を調べる検査を表すことが多くなっています。

負担の少ない検査法で生活習慣病の兆候をチェック

職場の定期健康診断で調べるおもな検査項目（すべての職場で行う検査）は次のものです。各種の数値の計測や血液検査、尿検査、X線検査などで生活習慣病の兆候がないかどうかを調べます。

・問診／既往歴／自覚症状の確認……医師が病気の経験や自覚症状、喫煙の習慣などを質問し、本人の表情や顔色などから数値に表れない病気のリスクを推測します。

・身長／体重／腹囲の測定……身長と体重からＢＭＩ（体格指数／肥満度）を計算します。腹囲はメタボリックシンドロームの判定に使用します。

・視力検査……視力低下や失明につながる緑内障・白内障・糖尿病性網膜症などの兆候を調べるほか、情報機器作業などによる視力低下を早期に発見します。

・聴力検査……低音（１０００Hz）と高音（４０００Hz）の2種類の音を聞き、聞こえを確認します。おもに騒音性難聴や加齢性難聴の兆候をみつけるために行います。

・胸部X線検査／喀痰検査……胸部にX線を照射し、肺や気管の呼吸器疾患や心疾患の有無を確認します。喀痰検査では、痰の中にがんの疑いのある細胞がないかを調べます。

・血圧……血圧計で最高血圧（収縮期）、最低血圧（拡張期）を測定し、高血圧の有無を調べます。高血圧は脳血管疾患や心疾患に影響するので要注意です。

・血液一般／貧血検査……血液を採取して、赤血球数や血色素量から、貧血の有無やその種類・性質などを調べます。
・肝機能検査……血液中のGOT、GPT、γ-GTPなどの数値から、脂肪肝、ウイルス性肝炎、アルコール性肝炎、肝硬変などの兆候をみつけます。
・血中脂質検査……血液中のLDLコレステロール、HDLコレステロール、血清トリグリセライド（中性脂肪）を調べ、脂質異常症を発見します。脂質異常症は動脈硬化を進め、心・脳血管疾患のリスクを高めるので注意が必要です。
・血糖検査……空腹時血糖などから、糖尿病やその予備軍の人を発見します。過去数カ月の血糖状態を表すHbA1c（ヘモグロビンエーワンシー）を見ることもあります。
・尿検査……糖尿病や糖尿病性腎症の兆候や、腎炎や慢性腎症の発見に役立ちます。内臓の疾患や機能低下があると、腎機能の数値にも変化が表れることがよくあります。
・心電図検査……心臓の働きを調べ、心疾患や不整脈などの異常の有無を調べます。健診時に異常がなくても、日常生活で動悸や息切れなどの症状があれば受診が必要です。

［図表4］　健診項目と参考基準値

○印：特定健診項目（空腹時血糖とヘモグロビンA1cはいずれか一方）
□印：特定健診の詳細な健診項目

健診項目			特定健診項目	参考基準値※
診察等	問診		○	－
	計測	身長・体重	○	－
		BMI	○	18.5～25未満（標準は22）
		腹囲	○	男性：85cm未満　女性：90cm未満
		視力		裸眼視力0.8～1.2
		聴力		1,000Hz・4,000Hz　いずれも所見なし
	最高血圧（収縮期）		○	140mmHg未満
	最低血圧（拡張期）		○	90mmHg未満
脂肪	総コレステロール			140～199mg/dl
	中性脂肪		○	150mg/dl未満
	HDLコレステロール		○	40mg/dl以上
	LDLコレステロール		○	120mg/dl未満
肝機能	GOT（AST）		○	35U/l以下
	GPT（ALT）		○	35U/l以下
	γ-GTP（γ-GT）		○	55U/l以下
	ALP			340U未満
代謝系	空腹時血糖		○	110mg/dl未満
	ヘモグロビンA1c（NGSP値）		○	6.0%未満
	尿糖（半定量）		○	（－）
	尿酸			7.0mg/dl以下
血液一般	Ht（ヘマトクリット）		□	男：38.0～48.9%　女：34.0～43.9%
	Hb（ヘモグロビン）		□	男：13.0～16.6g/dl 女：11.4～14.6g/dl
	赤血球数		□	男：400～539（× 10^4/mm^3） 女：360～489（× 10^4/mm^3）
	白血球数			33～89（× 10^2/mm^3）
尿・腎機能	尿蛋白（半定量）		○	（－）
	尿潜血			（－）
	血清クレアチニン			男：1.10mg/dl以下　女：0.80mg/dl以下
その他	胸部X線			－
	心電図		□	－

※検査結果等を判定する際の参考値となります。受診された健診機関によっては数値が異なる場合があります
※参考値は目安となります。基準値外が即病気ではなく、総合的な判断は問診・診察等とともに判断することとなります
※網掛けは特定保健指導の判定項目です

出典：全国健康保険協会「生活習慣病予防健診結果からわかること（参考）」

健診のコースによってはこれらのほかに、眼底検査、肺機能検査、胃部検査（X線・内視鏡）、腹部超音波検査、大腸検査（便潜血、直腸診）、婦人科検診、肝炎検査などが行われることもあります。

それぞれの検査項目の参考基準値は図表4のとおりです（全国健康保険協会）。医療機関や健診施設により基準とする数値は多少異なっていますので、参考として見ていただければと思います。

健康診断の判定がBやCでも、安心していてはダメ

健診結果の正しい読み解き方は意外に知られていないように感じます。

例えば、健診結果には「基準値」というものがあります。数値がここから外れていると健診結果に異常を示すマークがついて焦りますし、数値がこの範囲内であれば「正常だった」とホッとします。それはだいたいの場合間違いではないのですが、より正確にいうと基準値＝正常値ではありません。

基準値とは健康な人の検査データから上端と下端を除いた中央の95％の人がおさまる範

囲を指しています。統計的には基準値を外れた人のなかから病気がみつかる可能性が高いのは確かですが、健康でも基準値には当てはまらない人が5％ほどいるのも事実です。ですから、検査値が基準値内かどうかだけで正常・異常が決まるわけではありません。個々の数値は健康状態を判定する一要素であり、「参考基準値」「正常参考値」などと表現される場合もあります。

また各検査値から医師が総合的に判断して決定するのが総合判定です。

総合判定の判定区分も健診施設によって少々異なりますが、日本人間ドック学会は2022年4月より標記を改定すると発表しました。A（異常なし）、B（軽度異常）、C（要再検査・生活改善）、D（要精密検査・治療）、E（治療中）といった5段階です。

ポイントは、Cが「要経過観察」から「要再検査」になった点です。これまで一般の人は判定がDでなければ「ああ、良かった」と安心してそれで済ませてしまいがちでした。しかし、良いほうから2番目のBでもそれまでと同じで何もしなくていいというわけではありませんし、Cの「要経過観察」もただ漠然と様子をみていればいいというのではなく、結果を受け取ってから「1カ月以内に医療機関で必要な検査を受けてください」という判定でした。ここが誤解されがちだったのです。改定後のCでは「Xか月後など再検査時期を明記し、受診者行動を明確に指示する。（中略）なお経過観察、定期的検査、症状あれば受診、などの不明瞭な記載は行わない。」とされ、対応の厳密化が図られています。これまで曖昧だった表現を一新することで、結果をなおざりにしてしまう人が多かった状況を改善しようとしている点で、「進化」といえます。医療にかかる前に、再検査でしっかりフォローすべきということです。

A～Eの各判定の説明と健康保持・増進のために意識するべきことをまとめると、次のようになります。

A **（異常なし）**：

今回の健診では病的な所見は認められません。ただし将来の健康が保障されたわけではないので、日常生活に留意することが大切です。

B **（軽度異常）**：

服薬などの治療は不要ですが、日常生活の改善が必要です。生活改善で数値が良くなるか、次回の健康診断の結果で確認します。

C（**要再検査・生活改善**）：

再検査は再度同じ結果が出るかを調べるための検査です。指定された期間以内に医療機関を受診し、指定された検査を受ける必要があります。

D（**要精密検査・治療**）：

精密検査はより詳しい検査を行い、病気の有無を確認するものです。治療は、検査で異常がみつかり、医療機関での治療・指導が必要な状態です。できる限り早急に医療機関を受診し治療を受けてください。

E（**治療中**）：

今回の健診結果を主治医に伝え、主治医の指示に従って治療を続けてください。

自覚症状がないまま、血管や臓器が傷つく生活習慣病の怖さ

おそらく職場の定期健診でBやCの判定が出た人の大半はほとんど自覚症状がないと思います。D判定でも、似たようなものかもしれません。「今はなんの症状もないし、大し

たことはないだろう」「しばらく仕事で手が離せないから、時間ができたら受診すればいい」となってしまうことが多々あります。しかし、このように自覚症状がないまま次第に血管や臓器が弱ってしまうのが生活習慣病の本当の恐ろしいところです。

生活習慣病はその名のとおり、生活習慣の積み重ねにより発症・悪化する病気です。おもに肥満や高血圧、糖尿病、脂質異常症、メタボリックシンドロームなどを指すことが多いですが、肝臓や腎臓の病気、がん、喫煙習慣が関わる慢性肺疾患、歯周病なども広い意味で生活習慣病に入ります。

これらの生活習慣病は長い年月をかけて少しずつ進行します。そしてある日突然に心疾患や脳血管疾患といった命を奪いかねない重篤な病気を発症します。

厚生労働省の平成29年患者調査によると脳・心臓疾患の患者数は約43万人に上っています。これは高齢者だけの話ではありません。男性は40代から70代にかけて全死亡の2割ぐらいが脳・心臓疾患によるものです。女性は40代頃までは男性よりも少ないですが年齢が上がるとともに男性とほぼ変わらなくなります。

また高血圧や脂質異常症、糖尿病などは互いに関連もしています。血圧の値が高くなると血糖値も悪くなり、血糖値が上がると血圧や血中脂質の値も悪化するなど、どんどんリスクが重なり、動脈硬化が進行し全身の血管や臓器に悪影響が及んでいきます。この段階になってから治療をしてもどうしても改善効果は限られてしまいます。発症・進行を予防するにはできるだけ最初のうち、つまり小さな異変の段階で生活改善をスタートすることが肝心です。

血糖値でいうと「数値が少し高くても、まだ糖尿病でないから大丈夫」と考える人も多いですが、糖尿病の人は糖尿病と診断される10年以上前から高血糖がみられることがわかっています。血糖値が高い状態が長く持続することで糖尿病と診断された時点ではすでに動脈硬化が進み始めていると考えなければいけません。実際に脳・心臓疾患を経験する人の多くは発症の10年とか20年前から高血圧や高血糖などの数値に異常が生じています。

ということは40～50代で脳・心臓疾患を起こさないためには30代から血圧や血糖、血中脂質などに気をつけ、悪化させないように生活や働き方を考えていく必要があります。人生100年といわれる今は、定年まで勤め上げたあともまだ何十年も人生が続きます。60代も70代も元気で過ごしたいと思うのであれば、40～50代のうちに定期健診結果を活かして生活習慣病の発症・進行を防ぐことが重要になるのです。

動脈硬化を進める肥満、高血圧、糖尿病、脂質異常症、メタボ

職場の定期健診では、特にいくつかの生活習慣病について予防や早期発見を目指して診断基準が定められています。発症には労働環境などの環境因子、ストレス、遺伝などが関係することもあり、すべてが生活習慣だけに由来するわけではありませんが、食事や運動習慣、飲酒、喫煙、睡眠、働き方といった生活習慣を改善することで、予防・改善を期待できるのがこれらの病気の特徴です。

・肥満

標準より体重が多く、脂肪が蓄積している状態が肥満です。ＢＭＩ（Body Mass Index：体格指数／肥満指数）で18・5～25未満が適正体重で、25以上が肥満と判定されます。日本では女性は30代頃まではやせ（ＢＭＩ18・5未満）が多く、男性では20～30代から肥満が増えています。特に内臓周辺に脂肪がたまる内臓型肥満は、血圧や血糖値を上

昇させ、メタボリックシンドロームや動脈硬化のリスクを高めます。

・高血圧

最高血圧（収縮期）１４０ｍｍＨｇ以上、最低血圧（拡張期）90ｍｍＨｇ以上となると、高血圧になります。高血圧があると血管に強い圧力がかかって血管を傷つけ、動脈硬化を進行させます。また血管が硬くなると、強い力で血液を送り出さなければならなくなり、心臓に負担が掛かり心肥大や不整脈などの原因になります。職場の健診では血圧が基準値内でも夜間や早朝に高血圧が起こっている場合もあり、注意が必要です。

・糖尿病

食事で摂取した糖が体内でうまく使われず、血液中に糖があふれて血糖値が高い状態が続くのが糖尿病（Ⅱ型糖尿病）です。空腹時血糖値が１２６mg／dl以上、食後血糖値２００mg／dl以上、ＨｂＡ１ｃ６・５以上などで糖尿病と診断されます。糖尿病は中高年以降だけでなく、若い世代でも増加傾向にあります。高血糖の状態が続くと血管が傷つ

［図表５］　血圧、血糖値の分類

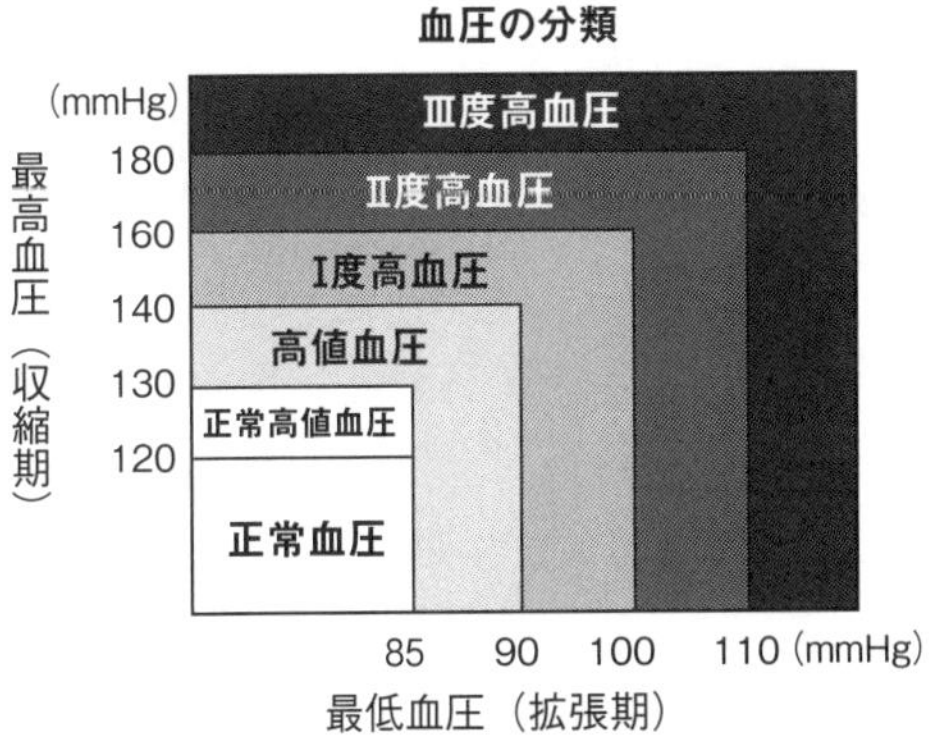

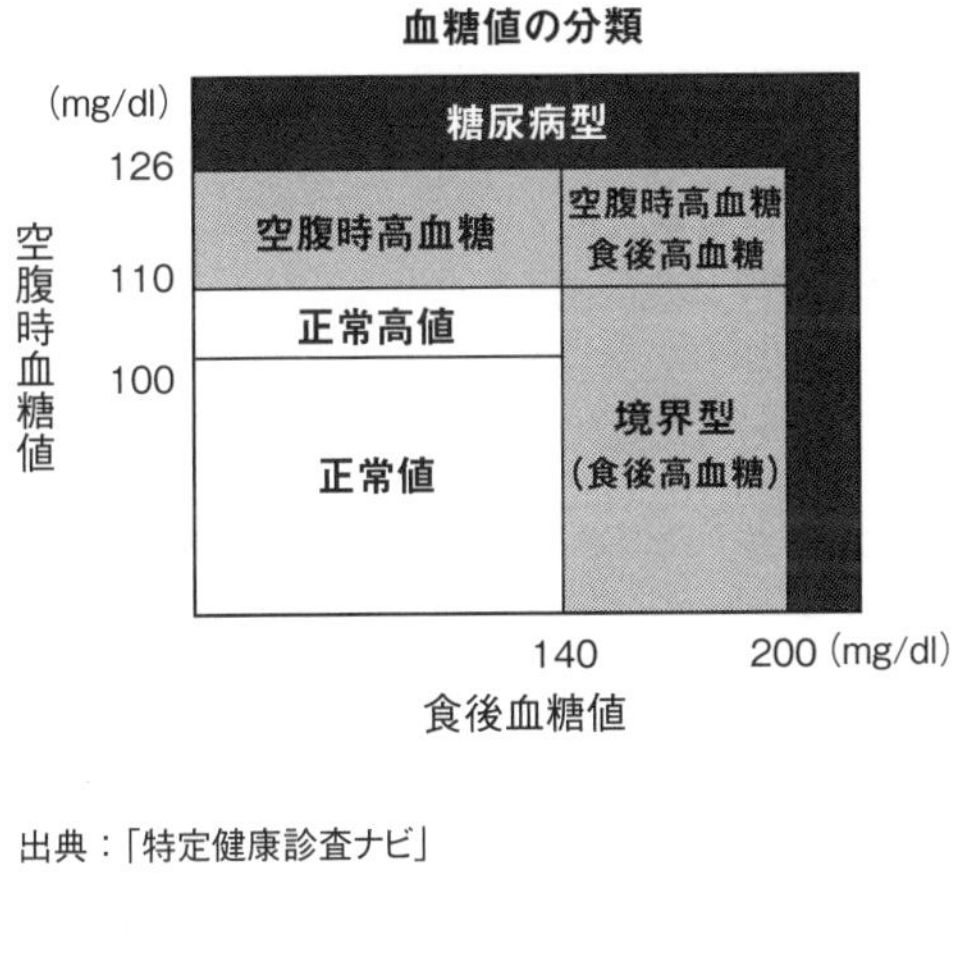

出典：「特定健康診査ナビ」

き、動脈硬化を進めます。糖尿病が進行すると目の網膜や腎臓の細かい血管や神経にダメージが及び、糖尿病性の網膜症、腎症、神経障害といった合併症を起こします。

・脂質異常症

脂質代謝のバランスが崩れているのが脂質異常症です。以前は「高脂血症」と呼ばれていました。中性脂肪（トリグリセライド）が１５０mg／dl以上、ＬＤＬコレステロールが１４０mg／dl以上、ＨＤＬコレステロールが40mg／dl未満などの場合に、脂質異常症と判断されます。脂質異常症があると血管壁の傷に余分な血中脂質が入り込み、血管内腔が狭くなって血管が詰まりやすくなります。近年は、若い世代にも脂質異常症がたいへん多くなっています。

・メタボリックシンドローム

内臓脂肪が蓄積した状態がメタボリックシンドロームです。内臓脂肪面積１００㎠以上に相当する基準として、男性は腹囲85㎝以上、女性は腹囲90㎝以上が一つの指標になって

［図表6］　脂質異常症、メタボ診断基準

脂質異常症診断基準（空腹時採血）*

LDLコレステロール	140mg/dl 以上	高 LDL コレステロール血症
	120 ～ 139mg/dl	境界域高 LDLコレステロール血症 **
HDLコレステロール	40 mg/dl 未満	低 HDL コレステロール血症
トリグリセライド	150mg/dl 以上	高トリグリセライド血症
Non-HDL コレステロール	170mg/dl 以上	高 non-HDLコレステロール血症
	150 ～ 169mg/dl	境界域高 non-HDLコレステロール血症 **

* 10 時間以上の絶食を「空腹時」とする。ただし水やお茶などカロリーのない水分の摂取は可とする

** スクリーニングで境界域高 LDL-C 血症、境界域高 non-HDL-C 血症を示した場合が、高リスク病態がないか検討し、治療の必要性を考慮する

メタボリックシンドロームの診断基準

必須項目	（内臓脂肪蓄積） ウエスト周囲径		男性 > 85cm 女性 > 90cm
	内臓脂肪面積 男女ともに > 100cm^2 に相当		
選択項目 3項目のうち 2項目以上	1.	高トリグリセライド血症 かつ／または 低 HDL コレステロール血症	> 150mg/dl < 40mg/dl
	2.	収縮期（最大）血圧 かつ／または 拡張期（最小）血圧	> 130mmHg > 85mmHg
	3.	空腹時高血糖	> 110mg/dl

出典：「e-ヘルスネット」（厚生労働省）

います。腹囲に加えて高血圧、高血糖（空腹時高血糖110mg／dl以上）、脂質異常のなかで2つ以上に当てはまると、メタボリックシンドロームと判定されます。メタボになると動脈硬化が加速度的に進みやすく、脳・心臓疾患のリスクが急上昇します。メタボはまだ病気ではないと思わず、すぐに生活改善の取り組みを始めることが大切です。

職場の定期健診の結果を活かして、社員の健康を守る

職場で社員全体の健康保持・増進を考えるときは、社員一人ひとりの個別の健診結果を見るわけではありません。個別の対応が必要なこともありますが、まずは個々のデータを集計し、職場全体の健康状態の傾向や特徴を把握することが第一歩です。

職場の定期健康診断の結果には、その職場にある潜在的な課題や健康リスクが表れています。例えば定期健康診断で中性脂肪やコレステロールの異常値のある人がとても多いとします。それは単に脂っこい食事が好きな人が多いとか、食べ過ぎ・飲み過ぎの人が多いというわけではありません。その職場の働き方によって心身に負荷が掛かっていたり、不規則な生活にならざるを得なかったりして、結果的に脂質異常が増えている可能性もあり

ます。そこは個人の責任というだけで済まさず、会社として改善策を考えていかなければ、社員の健康を守ることはできません。

「うちの会社は中年以上の社員が多いから、健診で異常のある人が多くても仕方がない」という反論もあると思います。

確かに、社員の年齢構成や性別の割合などによって健康診断結果は変わってきます。年齢でいえば、社員の平均年齢が高くなるほど有所見率や持病をもつ人の割合が高くなるのは事実です。ですが、年齢的には30～40代が中心でも、いわゆるブラック企業と呼ばれるような職場、長時間労働が常態化しているような職場では、異常値を示す人の割合は高くなることもあります。

問題になるのは、会社が自社の社員たちの健康状態と働き方をしっかり把握し、リスクの高い社員もそうでない社員も、誰もが健康に働けるように必要な配慮や措置を行っているかどうか、という点です。

会社には労働者が生命、身体などの安全を確保しつつ労働することができるよう、必要な配慮をしなければならないという「安全配慮義務」が課されています（労働契約法）。

「年だから」「人手が足りないから」となんの対策もしないままで、40～50代の社員をそのまま働かせ、ある日突然くも膜下出血で倒れたりしたら、最悪の場合、会社が社員本人や家族から、安全配慮義務違反で訴えられることもあります。

労働者の脳・心臓疾患による労災補償請求は2016～20年の5年間で計4262件、平均して年約850件に上っています。

20年度の請求数を業種別にみると、労災請求が多いのは運輸・郵便業（158件）、卸売業・小売業（111件）、建設業（108件）、続いて製造業、医療・福祉、宿泊業・飲食サービス業などとなっています。年齢別では20～30代が計7・0％、40代で26・0％、50代で33・7％、60歳以上で33・3％となっています。

つまり、年齢の高い社員が多い・若手が多い、男性が多い・女性が多い、肉体的な負担が高い・デスクワークが中心、労働時間が長い・短いなど、さまざまな職場の業務内容や働き方、そこで働く社員の特性に合わせて、必要な対策を考えていくことが重要になるのです。

職場の定期健診は、その後の措置や対応が大切

実際に職場で定期健康診断を行い、会社がそれを健康づくりに活かすための基本的な流れは次のようになります。

①委託：医療機関や健診施設に、定期健康診断を委託する。
②実施：社員に定期健康診断を実施する。
③結果受領：医療機関から、定期健康診断の結果を受領する。
④通知・保存：社員本人に結果を通知し（従業員50人以上の職場は労働基準監督署にも報告）、結果を所定の期間、保存する。
⑤結果分析：定期健康診断の結果を分析し、職場の健康リスクを把握する。
⑥事後措置：必要な社員に検査や受診を促す、医師や保健師による保健指導、就業上の措置などを行う。
⑦健診結果の活用：定期健康診断結果をもとに、社員の健康保持・増進のために社内で

行うべき対策を検討、実践する。

まずは会社から医療機関や健診施設に委託をし、毎年の定期健康診断を確実に行うことが大前提です。定期健診の方法には、社員が個別に指定された病院や健診施設に出向いて行う「施設健診」と、職場などに必要な設備やスタッフを揃えて集団を対象に行う「集団健診」があります。一般に集団健診のほうが多くの人を効率良く検査でき、受診率も高くなりますが、従業員数の少ない小さな会社は社員が個別に医療機関を訪ね、健診を受けるスタイルが多いかもしれません。

社員が健康診断を受けた後は、医療機関から健診の結果が会社に届きます。会社の担当者は結果を社員本人に個別に通知し、会社としても記録を保存します。定期健康診断の保存期間は5年と定められています（特殊健診は内容により、最長30年）。会社として記録を保管し、経年の数値の変化を見ていくことも大切です。

健診を「受けさせただけ」で終わらせず、職場の健康づくりにつなげていくためには健診後の⑤結果分析、⑥事後措置、⑦健診結果の活用が、特に重要になります。

集計結果を地域の産業保健データと比較する

健診が終わって結果が会社に届いたら、健康管理の担当者は、社員全員の健診結果の集計をしてください。

必ず見るべきポイントは「有所見率」です。有所見率は、なんらかの所見（異常や疑い）が見つかった社員がどれくらいいるかを表す数値です。

血圧や血中脂質などの各検査項目別に、A（異常なし）、B（軽度異常）、C（要再検査・生活改善）、D（要精密検査・治療）、E（治療中）に該当するのがそれぞれ何人かを集計します。このうちAの人を除いて、B～Eの人を合計して職場全体に占める割合を示したものが、有所見率になります。

検査項目ごとの有所見率のほかに健診の検査項目すべてがAだった人を除き、何かしらでB以上があった人の割合を出したものが、職場全体の有所見率になります。

これらの数値を出したら、平均的な数値と比較します。比較するデータは厚生労働省のホームページに載っている「定期健康診断結果報告」が使いやすいです。毎年の検査項目

［図表７］　定期健康診断実施結果・年次別

	聴力（1000Hz）	聴力（4000Hz）	胸部X線検査	喀痰検査	血圧	貧血検査	肝機能検査	血中脂質	血糖検査	尿検査（糖）	尿検査（蛋白）	心電図	有所見率
平成5年	5.0	10.0	2.1	0.7	8.4	5.2	11.8	17.2	－	3.3	2.4	7.8	33.6
平成6年	4.9	9.9	2.3	0.8	8.5	5.8	11.8	18.3	－	3.2	2.7	8.0	34.6
平成7年	4.7	9.9	2.4	0.7	8.8	5.8	12.7	20.0	－	3.5	2.7	8.1	36.4
平成8年	4.5	9.8	2.6	0.9	9.2	5.8	12.6	20.9	－	3.4	2.8	8.3	38.0
平成9年	4.4	9.7	2.7	1.1	9.3	6.0	13.1	22.0	－	3.4	3.0	8.3	39.5
平成10年	4.4	9.4	2.9	1.9	9.7	6.2	13.7	23.0	－	3.5	3.3	8.5	41.2
平成11年	4.2	9.3	3.1	1.4	9.9	6.2	13.8	24.7	7.9	3.3	3.2	8.7	42.9
平成12年	4.1	9.1	3.2	1.5	10.4	6.3	14.4	26.5	8.1	3.3	3.4	8.8	44.5
平成13年	4.1	9.1	3.3	1.3	11.1	6.6	15.3	28.2	8.3	3.3	3.4	8.8	46.2
平成14年	3.9	8.7	3.3	1.4	11.5	6.6	15.5	28.4	8.3	3.2	3.5	8.8	46.7
平成15年	3.8	8.5	3.4	1.6	11.9	6.5	15.4	29.1	8.3	5.1	3.2	8.9	47.3
平成16年	3.7	8.4	3.6	1.5	12.0	6.6	15.3	28.7	8.3	3.1	3.5	8.9	47.6
平成17年	3.7	8.2	3.7	1.5	12.3	6.7	15.6	29.4	8.3	3.1	3.5	9.1	48.4
平成18年	3.6	8.2	3.9	1.8	12.5	6.9	15.1	30.1	8.4	2.9	3.7	9.1	49.1
平成19年	3.6	8.1	4.0	2.0	12.7	7.0	15.1	30.8	8.4	2.8	4.0	9.2	49.9
平成20年	3.6	7.9	4.1	2.0	13.8	7.4	15.3	31.7	9.5	2.7	4.1	9.3	51.3
平成21年	3.6	7.9	4.2	1.8	14.2	7.6	15.5	32.6	10.0	2.7	4.2	9.7	52.3
平成22年	3.6	7.6	4.4	2.0	14.3	7.6	15.4	32.1	10.3	2.6	4.4	9.7	52.5
平成23年	3.6	7.7	4.3	1.7	14.5	7.6	15.6	32.2	10.4	2.7	4.2	9.7	52.7
平成24年	3.6	7.7	4.3	2.2	14.5	7.4	15.1	32.4	10.2	2.5	4.2	9.6	52.7
平成25年	3.6	7.6	4.2	1.9	14.7	7.5	14.8	32.6	10.2	2.5	4.2	9.7	53.0
平成26年	3.6	7.5	4.2	1.9	15.1	7.4	14.6	32.7	10.4	2.5	4.2	9.7	53.2
平成27年	3.5	7.4	4.2	1.8	15.2	7.6	14.7	32.6	10.9	2.5	4.3	9.8	53.6
平成28年	3.6	7.4	4.2	1.8	15.4	7.8	15.0	32.2	11.0	2.7	4.3	9.9	53.8
平成29年	3.6	7.3	4.2	1.9	15.7	7.8	15.2	32.0	11.4	2.8	4.4	9.9	54.1
平成30年	3.7	7.4	4.3	2.3	16.1	7.7	15.5	31.8	11.7	2.8	4.3	9.9	55.5
令和元年	3.5	6.9	4.6	1.6	16.2	7.7	15.9	32.0	11.9	2.9	4.4	10.0	57.0
令和2年	3.9	7.4	4.5	2.1	17.9	7.7	17.0	33.3	12.1	3.2	4.0	10.3	58.5

資料：定期健康診断結果調
※聴力（1000Hz）～心電図までの数値は項目別有所見率（%）を表す

［図表８］　令和２年定期健康診断実施結果・都道府県別

都道府県		健診実施事業場数		受診者数	所見のあった者	
					人数	有所見率（%）
01	北海道	4,314	(1,161)	386,796	238,755	61.7
02	青森	1,246	(495)	121,262	80,394	66.3
03	岩手	1,337	(618)	129,758	82,787	63.8
04	宮城	2,174	(705)	208,491	132,497	63.6
05	秋田	886	(405)	85,313	58,685	68.8
06	山形	1,238	(462)	116,527	79,184	68.0
07	福島	1,973	(726)	187,847	111,047	59.1
08	茨城	2,444	(811)	274,769	167,237	60.9
09	栃木	1,925	(642)	217,769	132,413	60.8
10	群馬	1,932	(698)	203,913	122,118	59.9
11	埼玉	4,846	(1,354)	464,461	280,404	60.4
12	千葉	4,080	(1,180)	401,618	224,743	56.0
13	東京	14,638	(3,215)	1,882,875	1,060,525	56.3
14	神奈川	6,408	(1,789)	702,969	408,976	58.2
15	新潟	2,529	(988)	248,960	138,938	55.8
16	富山	1,369	(491)	141,800	86,726	61.2
17	石川	1,193	(393)	118,159	66,301	56.1
18	福井	968	(465)	87,018	52,867	60.8
19	山梨	817	(246)	78,332	48,023	61.3
20	長野	2,046	(692)	190,026	110,363	58.1
21	岐阜	2,137	(734)	204,545	120,845	59.1
22	静岡	3,805	(1,260)	420,153	252,724	60.2
23	愛知	8,745	(2,695)	1,112,765	607,083	54.6
24	三重	1,673	(741)	189,475	101,606	53.6
25	滋賀	1,475	(587)	160,860	83,716	52.0
26	京都	2,373	(820)	240,938	146,202	60.7
27	大阪	8,225	(2,116)	868,214	497,592	57.3
28	兵庫	5,164	(1,766)	516,505	297,237	57.5
29	奈良	963	(308)	86,802	51,926	59.8
30	和歌山	803	(270)	75,451	44,620	59.1
31	鳥取	554	(248)	47,866	28,406	59.3
32	島根	623	(252)	56,428	35,518	62.9
33	岡山	2,084	(864)	202,460	119,468	59.0
34	広島	2,816	(1,157)	285,724	172,913	60.5
35	山口	1,228	(549)	139,649	79,458	56.9
36	徳島	627	(244)	66,312	39,949	60.2
37	香川	986	(369)	99,909	58,272	58.3
38	愛媛	1,225	(448)	117,305	67,725	57.7
39	高知	559	(202)	54,825	34,617	63.1
40	福岡	4,643	(1,504)	502,962	297,264	59.1
41	佐賀	867	(297)	89,241	55,081	61.7
42	長崎	1,022	(387)	99,193	63,232	63.7
43	熊本	1,474	(574)	154,684	93,632	60.5
44	大分	982	(364)	105,999	63,006	59.4
45	宮崎	922	(260)	88,643	50,280	56.7
46	鹿児島	1,256	(407)	132,023	78,262	59.3
47	沖縄	1,123	(376)	112,603	78,314	69.5
合計		116,717	(37,335)	12,480,197	7,301,931	58.5

資料：定期健康診断結果調
（注）１「健康診断実施事業場数」欄は健診実施延事業場数である。
　　　２（　　）内は年２回以上検診を実施した事業場数で内数である。

［図表９］　令和２年定期健康診断実施結果・業種別

業種	健診実施事業場数		受診者数	所見のあった者	
				人数	有所見率（%）
01　製造業					
01　食品製造	5,300	(1,796)	617,664	362,449	58.7
02　繊維工業	424	(185)	39,351	23,429	59.5
03　衣服繊維	460	(65)	37,731	22,711	60.2
04　木材木製	350	(132)	26,619	16,545	62.2
05　家具整備	218	(48)	19,452	11,621	59.7
06　パルプ等	848	(432)	83,605	51,643	61.8
07　印刷製本	1,112	(409)	101,178	60,783	60.1
08　化学工業	4,243	(2,285)	523,254	294,710	56.3
09　窯業土石	820	(393)	80,894	49,385	61.0
10　鉄鋼業	707	(418)	128,884	69,359	53.8
11　非鉄金属	586	(335)	80,120	46,100	57.5
12　金属製品	3,376	(1,072)	275,302	166,813	60.6
13　一般機器	3,555	(1,188)	521,549	298,428	57.2
14　電気機器	3,998	(1,714)	668,780	387,703	58.0
15　輸送機械	3,046	(1,527)	687,256	360,036	52.4
16　電気ガス	920	(326)	96,265	63,321	65.8
17　他の製造	1,796	(442)	150,764	88,897	59.0
小計	31,759	(12,767)	4,138,668	2,373,933	57.4
02　鉱業					
01　石炭鉱業	1	(0)	25	22	88.0
02　土石採取	16	(2)	522	399	76.4
03　他の鉱業	35	(19)	2,454	1,590	64.8
小計	52	(21)	3,001	2,011	67.0
03　建設業					
01　土木工事	900	(142)	67,355	48,443	71.9
02　建築工事	1,367	(191)	134,499	83,539	62.1
03　他の建設	1,412	(312)	137,145	87,003	63.4
小計	3,679	(645)	338,999	218,985	64.6
04　運輸交通					
01　鉄道等	1,129	(422)	119,017	56,487	47.5
02　道路旅客	2,641	(1,405)	240,570	180,848	75.2
03　道路貨物	6,061	(2,779)	449,311	302,663	67.4
04　他の運輸	51	(17)	4,007	2,113	52.7
小計	9,882	(4,623)	812,905	542,111	66.7
05　貨物取扱					
01　陸上貨物	1,307	(426)	111,685	68,611	61.4
02　港湾運輸	276	(100)	27,957	17,690	63.3
小計	1,583	(526)	139,642	86,301	61.8
1号～5号 中計	46,955	(18,582)	5,433,215	3,223,341	59.3
06　農林業	167	(34)	9,273	6,368	68.7
07　畜産水産	117	(19)	9,461	5,838	61.7
08　商業	20,150	(4,221)	1,449,143	867,605	59.9
09　金融広告	3,685	(176)	519,074	297,425	57.3
10　映画演劇	272	(44)	17,843	9,573	53.7
11　通信業	1,235	(264)	210,493	124,193	59.0
12　教育研究	4,073	(617)	565,045	327,166	57.9
13　保健衛生	18,167	(8,575)	2,078,962	1,123,292	54.0
14　接客娯楽	4,193	(993)	216,109	125,743	58.2
15　清掃と畜	2,779	(828)	240,201	168,269	70.1
16　官公署	110	(19)	20,350	13,612	66.9
17　他の事業	14,814	(2,963)	1,711,028	1,009,506	59.0
6号～17号 中計	69,762	(18,753)	7,046,982	4,078,590	57.9
合計	116,717	(37,335)	12,480,197	7,301,931	58.5

資料：定期健康診断結果調

（注）１「健康診断実施事業場数」欄は健診実施延事業場数である。
　　　２（　　）内は年２回以上検診を実施した事業場数で内数である。

別の有所見率が出ているので、各項目を比較することができます。例えば2020（令和2）年のデータでは、血圧の全国の有所見率平均は17・9％です。自分の職場の血圧の有所見率が20％だというときは、平均よりも少し血圧が高い人が多いことになります。

ちなみに、厚生労働省の「定期健康診断結果報告」では全体の有所見率（定期健診全体で何らかの項目でB以上があった人の割合）を、都道府県別や業種別でも出しています。それらを参考にするのも有意義です。

有所見率の高い検査項目と、考えられる対策例

各検査項目で平均と比べて有所見率が高いところが、その職場の健康リスクであり、優先的に対策を検討したい部分です。健診結果の分析でよくあるケースと、その対策例は次のようになります。

ケース① 血圧・血糖・血中脂質の有所見率が高い

定期健診を集計・分析したところ血圧や血糖、血中脂質、肝機能などの異常が平均より

も高かったという職場は、労働時間や労働環境、業務の負担などの見直しと、社員個人の食事や飲酒、運動、睡眠といった生活改善の、両方が必要になることが多いです。

労働時間という点では、長時間労働が続くと脂質異常の人が増加することが統計的にわかっています。睡眠時間が少なくなると脂質代謝のバランスが崩れ、脂質異常や肥満が増えるとの指摘もあります。十分な睡眠・休息が確保できるような働き方を検討していかなければなりません。

国立研究開発法人 国立国際医療研究センターによると、通勤や仕事での活動性が低いと肥満になりやすいという報告もあります。徒歩、自転車、電車・バスなどで通勤している人より、マイカー通勤の人のほうが、体重が増えやすいということです。体重が増えると、それだけで血圧や血糖、血中脂質、肝機能などの数値が悪化しやすくなります。コロナ禍で通勤が少なくなり、リモートワークが増えたという人も気をつけなければなりません。

また近年は20~30代にも、肥満や高血糖、脂質異常が増えています。働き方の見直しと併せて、社員に対して健康的な食習慣などの健康教育を行っていくことも重要です。

ケース② 肝機能の有所見率が高い

肝機能の異常というと、昔はアルコールをたくさん飲む中高年の男性に多いものでしたが、最近は若い世代や女性にも増えているのが特徴です。アルコールの過剰摂取が原因であれば、禁酒をすることで比較的容易に数値が改善します。ただ近年は食生活の乱れや運動不足、ストレス、昼夜逆転の生活などにより、非アルコール性脂肪性肝疾患（NASH）を発症する人もいます。この場合は血圧や血糖、血中脂質などと同様に、働き方と生活全般の見直しが必要になります。

業務との関連でいうと、塗装業（大型金属の洗浄や塗装）の人で飲酒習慣のある人は肝機能低下が起こりやすいとの指摘があり、有機溶剤を扱う職場はより注意が必要です。

ケース③ 胸部X線の有所見率が高い

胸部X線でわかるのは肺がん、結核、肺炎、肺気腫、慢性閉塞性肺疾患（COPD）などの肺や気管などの呼吸器の異常です。喫煙との関連が深く、喫煙本数の多い人、喫煙歴の長い人ほど発症の可能性は高くなります。やはりいちばんの対策は禁煙です。喫煙は肺がんだけでなく多くのがんや、脳・心臓疾患のリスクを上昇させるため、職場での禁煙や分煙、受動喫煙対策はしっかりと行う必要があります。

また胸部X線では、心肥大や胸部大動脈瘤などの異常（疑い）がわかることもあります。命に関わることもある症状ですので、異常所見のあった人には必ず二次検査を受けてもらうようにします。心臓の働きが大きく低下しているときは、医師の指示により、運転や心身の負荷が高い業務をできないこともあります。

ケース④　貧血検査の有所見率が高い

貧血検査で異常を指摘される人も、わずかですが増加傾向にあります。働く女性が増え、過多月経や子宮内膜症などの婦人科疾患が貧血の原因になっている可能性があります。保育施設や美容室などの女性が多い職場では、月経や婦人科の不調が多いと体調不良による欠勤や早退が増えます。貧血が重症になると、めまいによる事故やけがのリスクも高まります。貧血がある場合は内科や婦人科を受診して必要な治療を受けるように促すことが大切です。

ケース⑤　聴力・視力の有所見率が高い

聴力の検査は、業務に基づく騒音性の難聴や加齢による難聴がないかどうかを調べます。私の経験でも常時大きい音がしているプレス工場で、従業員の聴力低下が進んでいた例がありました。騒音対策で耳栓をつけるのが規則でしたが、長時間つけていると耳が痛くなるとのことで、外してしまっている人が多いのが原因でした。長時間装着しても耳が痛くならないイヤーマフに変更するなど、無理なく継続できる対策を考えていくことが重要です。

加齢性の難聴では、聞こえづらいことで業務上のミスやトラブルが増える、本人の意欲や認知機能の低下が進みやすいといったことが課題になります。必要なときには補聴器の使用を検討してもらうのも一つの選択肢です。

視力検査で視力低下が急に進んでいるときは、パソコンなどのディスプレイに向かう場所や姿勢、作業する部屋の照明の明るさといった作業環境面にも問題がないか、点検が必要です。

健診後の「事後措置」は、医師や保健師の協力も得て行う

健診後のデータ集計、結果分析と併せて行うものが⑥事後措置です。

事後措置とは厳密にいえば健診結果と医師の意見や指導をもとに、業務内容や労働時間が適切か、治療・療養のために休職が必要かといったことを判断し、就業上の措置を行うことです。

健診結果が届いたあと会社としてすべきことは、判定がC（要再検査・生活改善）やD（要精密検査・治療）の人にできるだけ早く受診をするように促すことです。

血圧と血中脂質、血糖検査、腹囲（またはＢＭＩ）のすべてに異常があった人が再検査・精密検査をするときは、労災保険の二次健康診断等給付が受けられます。これは雇用保険・労災保険に加入している会社であれば申請ができます。会社を通じて申請をすると、条件に当てはまる社員は労災病院や指定の医療機関で、無料で二次健康診断を受けることができます。労災保険からの給付ですから、会社の費用負担もありません。

この給付では、特定保健指導（栄養指導、運動指導、生活指導）も受けられます。Ａ

（異常なし）の人は対象にはなりませんが、Ｂ（軽度異常）も含めて所定の検査項目で異常があった人は利用できますから、このような公的なサポートを積極的に活用していくことができます。

事後措置のなかでも就業上の措置が必要かどうかという部分は、医師による判断が必要になります。産業医を選任している職場であれば産業医が判断することになりますが、選任していない小規模事業所でも、定期健診を受けた医療機関の担当医師に相談をしてみたり、あるいは、すでに治療中の社員であれば本人の許可を得て主治医に相談したりする方法などが考えられます。

また現在は、従業員50人未満の小規模事業所の産業保健をサポートする「地域産業保健センター」が全国各地に設置されています。ここでは産業医や保健師に原則として無料で相談ができます。定期健診後の就業上の措置のほか、長時間労働者の面接指導や保健指導などについても相談できますから、こうした外部資源を活用することもできます。

若い世代にも40代以上と同じ定期健診を行うのが理想

現在の法律の規定では40歳以下の社員の定期健診は20歳、25歳、30歳、35歳という節目の年齢のときだけ、40歳以上と同様の項目の健診を受けることになっています。20〜30代でそれ以外の年齢のときは、身長や腹囲、胸部X線検査、血液検査（血中脂質、血糖、肝機能）、心電図検査を省略することができます（医師が必要でないと認めているとき）。若い世代は異常や病気の兆候が少ないと考えられてきたためで、体重と視力・聴力、血圧、尿検査だけという簡易的な定期健診となっています。検査項目が少ないほうが会社の健診費用負担も減りますから、小さな会社では最低限の法定健診になっていることが少なくありません。

ただ、近年は20〜30代からの脂質異常や高血糖、メタボなどが増加しています。身長や腹囲、血中脂質検査、血糖検査などを行わないとこうした異常の兆候を早期につかむことはできません。また20〜30代から血圧や血糖、血中脂質に気をつけ、食事や運動習慣について正しい知識をもっておけば40代以降の生活習慣病の発症を効果的に減らすことができます。

健診の費用の負担が難しいときは、若い世代への健診実施に補助金を出している健康保険組合もあります。利用できるかどうかは職場で加入する健康保険組合にもよりますが、社員に長く健康で働いてほしいと考えるのであれば年齢を問わず、社員全員にしっかりとした定期健診を行っていくのが理想です。

業務内容に合わせて活用したい特殊健診、目的別健診

職場の毎年の定期健診だけですべての病気の兆候がわかるわけではありません。業務によって起こりやすい病気の予防のためには特殊健康診断が定められていますが、指定された業務以外でも、必要に応じて特殊健診を受けたほうがいい場合もあります。

一般のオフィスワーカーが中心の職場でも、社員に体調不良や健康不安があるときは、次のような特殊健康診断、目的別の健康診断を受けることができます。

それぞれ、費用は一人当たり数千～5000円程度掛かりますが、健診の種類によっては国や健康保険組合の補助金が使えるものや、自治体の援助が受けられるものもあります。

・**腰痛健診**

腰痛は配送業など重い物を持つ、腰をかがめる作業が多い業務に多発するイメージがあると思いますが、立ちっぱなしや座りっぱなしなど同じ姿勢を長時間続ける仕事にも意外に多い健康障害です。厚生労働省では次の5つの業務で、腰痛健診を定期的に行うことを推奨しています。①重量物取扱い業務、②立ち作業、③座り作業、④福祉・医療分野などにおける介護・看護作業、⑤車両運転などの作業。

腰痛健診の定期健診では、既往歴や自覚症状の有無などを確認し、医師が必要と判断した人には、さらに姿勢異常や脊柱の変形の有無、腰背筋の緊張および圧痛の有無、知覚検査、腰部のX線検査、運動機能テストなどを行います。

・**情報機器作業健診**

パソコンなどのディスプレイを見ることで生じる視力の異常や肩こり、慢性疲労などの不調について調べる健診です。目安としては、1日に2時間以上ディスプレイに向かって作業する人は、定期的な情報機器作業健診が推奨されています。

定期健診では業務歴・既往歴の確認、自覚症状の有無、眼科学的検査（5m視力検査、50㎝視力検査など）、上肢の運動機能や圧痛点などの検査が行われます。

・歯周病検診

歯の健康だけでなく全身の健康のためにも歯周病予防は大切です。糖尿病があると歯周病になりやすく、歯周病があると糖尿病が悪化しやすいことがわかっています。また歯周病があると動脈硬化や心疾患のリスクが高まることも知られています。血糖や血中脂質など生活習慣病につながる異常が多い職場では、定期的に歯周病検診を受けるようにすることが推奨されます。歯周病検診では歯科医師や歯科衛生士が歯と歯茎の状態を調べて歯周病のリスクを判定するほか、正しい歯の磨き方などの保健指導を行います。

・がん検診

がんは日本人の2人に1人が経験する病気です。検査や治療法の進歩により、早期に発見できれば治るがんも多くなっており、早期発見が何より重要です。

［図表 10］　がん予防重点健康教育及びがん検診実施のための指針で定めるがん検診の内容

種類	検査項目	対象者	受診間隔
胃がん検診	問診に加え、胃部Ｘ線検査または胃内視鏡検査のいずれか	50 歳以上 ※当分の間、胃部Ｘ線検査については 40 歳以上に対し実施可	2 年に 1 回 ※当分の間、胃部Ｘ線検査については年 1 回実施可
子宮頸がん検診	問診、視診、子宮頸部の細胞診および内診	20 歳以上	2 年に 1 回
肺がん検診	質問（問診）、胸部Ｘ線検査および喀痰細胞診	40 歳以上	年 1 回
乳がん検診	問診および乳房Ｘ線検査（マンモグラフィ） ※視診、触診は推奨しない	40 歳以上	2 年に 1 回
大腸がん検診	問診および便潜血検査	40 歳以上	年 1 回

出典：「第 24 回がん検診のあり方に関する検討会（資料）」

現在、国が推奨しているがん検診は、胃がん、子宮頸がん、肺がん、乳がん、大腸がんの5種類です。このうち肺がん検診としても認められている胸部X線検査・喀痰検査は職場の定期健診で受けられますが、それ以外は定期健診のオプションで追加するか、個別にがん検診を受けることになります。それぞれのがん検診の検査項目や対象は、上の図表のとおりです。

国や健康保険組合でもがん検診の費用補助を行っているほか、自治体でも無料がん検診を実施しているところが多数あります。そうした支援や公的サービスは、社員の健康管理に役立てることができます。

【コラム】 性別や働き方でも、がん検診の受診率に差がある

がん検診の受診率は欧米各国に比べると日本はまだ低い水準にあります。

国のがん対策推進基本計画（2018年、第3期）では、がん検診受診率50％以上を達成することが目標の一つに掲げられています。胃がん、子宮頸がん、肺がん、乳がん、大腸がんという5つのがん検診のうち、コロナ禍前の2019年時点でこれを達成できていたのは男性の胃がん検診（54・2％）と、同じく男性の肺がん検診（53・4％）のみです。それに対して女性の受診率は、最小の胃がん（37・1％）から最高の乳がん（47・4％）まで、いずれも50％を下回っています。

この理由には男性と女性の社会的地位や働き方の違いが関係していることも考えられます。男性は相対的に正社員の割合が多く職場の定期健診のオプションなどでがん検診を受ける機会が多い可能性があります。一方の女性は、パートやアルバイトなどの働き方が多く職場でのがん検診の機会が限られているのかもしれません。特に乳がん検診と子宮頸がん検診は、欧米では70～80％台の検診受診率の国も多いことから、日本の受診率の低さ

が際立っています。こうした性別や働き方による検診受診の機会の不平等などは、従業員50人以上と50人未満の格差と同様に、今後さらに是正をしていかなければならない問題です。

がん検診の受診率が上がらない理由のもう一つには、がん検診の検査自体が痛い、恥ずかしい、怖いなどの不快な気持ちを伴うことがあります。

現在のがん検診のなかには臓器の細胞を採取するなど、体に負担をかけるものがあるのも事実です。検査というのは精度を上げようと思うほど体を傷つけたり受診する人に負担をかけたりする侵襲的なものになりがちです。

そこで、多くの人にもっと気軽にがん検診を受けてもらうためにより負担の少ない検査法の開発が世界的に進められています。最近では尿一滴だけ、あるいは唾液だけで一定の精度でがんの有無を調べられる新しいがん検診も登場しています。

こうした最新のがん検診は現時点では実施できる医療機関が限られていますし、検診としての精度や検査後の医療機関との連携などに課題があるものもあります。

それでも新しい非侵襲的な検査法が開発されて身体的・心理的・経済的にがん検診の

ハードルが下がれば、現代日本の国民病となっているがんの予防・発見が大きく進むことは間違いありません。新たなテクノロジーによってすべてのがんが早期発見できるようになる日を私も楽しみにしています。

［第3章］

小さな会社こそ社員全員で取り組む定期健康診断結果を踏まえた「健康な職場づくり」への第一歩

小さな会社で「職場の健康づくり」をどのように進めるか

小さな会社では健康づくりを進めたいという気持ちはあってもそこから具体的な実践につなげていくのが難しいことがよくあります。経営者はもちろん社員一人ひとりが本来の業務で多忙であり、必ずしも健康経営や産業保健について詳しい人がいるわけではないからです。

私が代表を務める産業医事務所で2021年6月に従業員数50人未満の小規模事業所を対象にアンケート調査を行っています（回答：1024人／経営者516人、従業員508人）。

小規模事業所の経営者に「会社は従業員の健康管理の一環として具体的にどのようなことを行っていますか？（複数回答可）」と尋ねたところ、最も多かったのは「特に何もやっていない」で43・7％。回答した会社の4割以上は、特に社員の健康管理の対策を行っていないという結果でした。

一方で、何かしらの取り組みをしている会社は半数以上ありました。具体的な対策の内容は「ストレスチェックを行う（25・4％）」「労働時間の見直し（21・9％）」「福利厚生の充実（21・9％）」「産業医の配置（19・9％）」「相談窓口の設置（17・8％）」といったものでした。複数回答可なので、これらのうち複数の取り組みをしている会社もあるわけですが、会社によって健康づくりを意識して進めているところと、そうでないところに分かれている印象です。

また同アンケートで「従業員の健康管理に対する経営者の課題は何だと思いますか？」という質問に対しては「専門知識をもつ人が周りにいない（38・0％）」という回答が最も多くなりました。続いて「従業員の健康状態が経営者まで伝わらない（29・7％）」「従業員の健康管理に時間が割けない（22・5％）」となっています。

社員の健康管理や健康保持・増進について相談できる人がいない、社内で健康状態などについて情報共有をするしくみがない、健康管理について考える時間がない。そんな小規模事業所の実情がアンケート結果にも浮かび上がっています。

従業員の健康管理をするメリットは、想像以上に大きい

小さな会社で健康管理が進まない理由は人手がない、時間がないという物理的な問題だけではないように思います。最大の理由は「健康管理をすると何がいいのか」という会社にとっての意義、従業員にとっての意義がきちんと伝わっていないことではないかと思います。

先のアンケートでも小規模事業所の経営者に「従業員の健康管理は会社にどのようなメリットを与えると思いますか？（複数回答可）」という質問をしています。

経営者のみなさんからは「安定した経営（53・1％）」「生産性の向上（50・4％）」「従業員の定着率の向上（39・7％）」「高品質なサービスの提供（31・0％）」「企業のイメージアップ（16・3％）」といった回答が寄せられましたが、最も多い回答でも50％を少し上回る程度です。残り半数の経営者には、まだ社員の健康管理をすることのメリットが伝わっていないのかもしれません。

社員の健康管理の医療面の目的は病気やけがをする人をできる限りゼロにすることで

す。ただ病名のつくような病気や大きいけががなければいいのかというと、決してそうではありません。

社員がけがや病気のために遅刻・早退や休業をすることは会社にとっても社員にとっても損失です。産業保健の用語でいうと、遅刻・早退や休業による生産性の損失を「アブセンティーイズム」といいます。このような休業や休職・離職を防ぐために職場の健康づくりを考えている経営者も少なくないと思います。

けれども休業による損失よりもはるかに大きい損失となっているのが「プレゼンティーイズム」です。プレゼンティーイズムとは、職場で働いてはいるものの何らかの不調や症状を抱えていて労働生産性が低下している状態です。

働いている人であれば、睡眠不足や疲労で頭が働かない、集中力が続かない、なんだかやる気が起こらない、そんな経験があると思います。頭痛や肩こり、腰痛、関節痛などもそうです。どんな人でも痛みや不調があるとその人本来の力を100%発揮することはできません。さらに健康に不安があるのに仕事を休めないという状況が続くと、ストレスが高まり、生産性も働く意欲もどんどん低下してしまいます。

健康関連を原因とする会社の損失を調べた経済産業省の調査では、会社負担の医療費（健康保険料）や傷病手当金などの手当の負担は17・6％に過ぎません。アブセンティーイズムによる損失はわずか4・4％です。それに対して、相対的プレゼンティーイズムによる損失は、77・9％に上っています。社員が何らかの不調や健康不安を抱えているだけで、会社にとって大きな損失になっているのです。

逆にいえば、社員の健康管理や健康保持・増進に取り組んでプレゼンティーイズムを減らすだけで、想像している以上のメリットが得られるということです。

プレゼンティーイズムに悪影響を与える因子としては、高血圧や高血糖、肥満、運動不足、ストレスなどがあります。

例えば昼食後などに仕事中に眠くなってしまう人は少なくないと思います。そういう人は境界型糖尿病（糖尿病ではないものの、その予備軍）の可能性があり、食後に血糖値の急上昇と急降下が起こるために、強い眠気が生じていることも考えられます。あるいは肥満の人で睡眠時無呼吸症候群があると、睡眠時間はしっかり7～8時間確保していても、睡眠中に呼吸が止まっている瞬間があることで熟睡できず、日中に強い眠気が生じるよう

［図表 11］ 健康関連総コスト（3 組織 3,429 件）
WHO-HPQ（WHO で世界的に使用されている質問紙を用いた評価）＋アブセンティーイズム（アンケート）

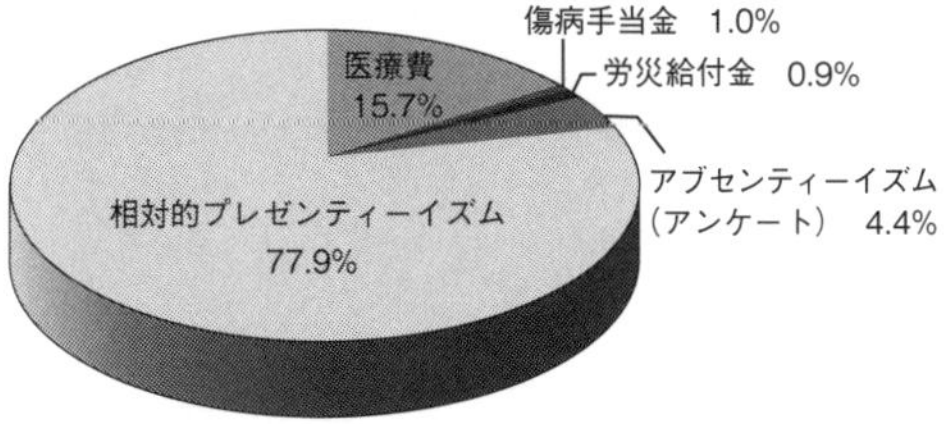

(n=3429)	平均（円）	標準偏差	割合（%）
2014年度医療費	113,928	372,590	15.7%
労災補償費	6,870		0.9%
傷病手当金支給額	7,328	96,481	1.0%
アブセンティーイズム（アンケート）	31,778	140,954	4.4%
相対的プレゼンティーイズム	564,963	1,053,886	77.9%
計	724,868		100%

［図表 12］ プレゼンティーイズムと心理的指標との関係

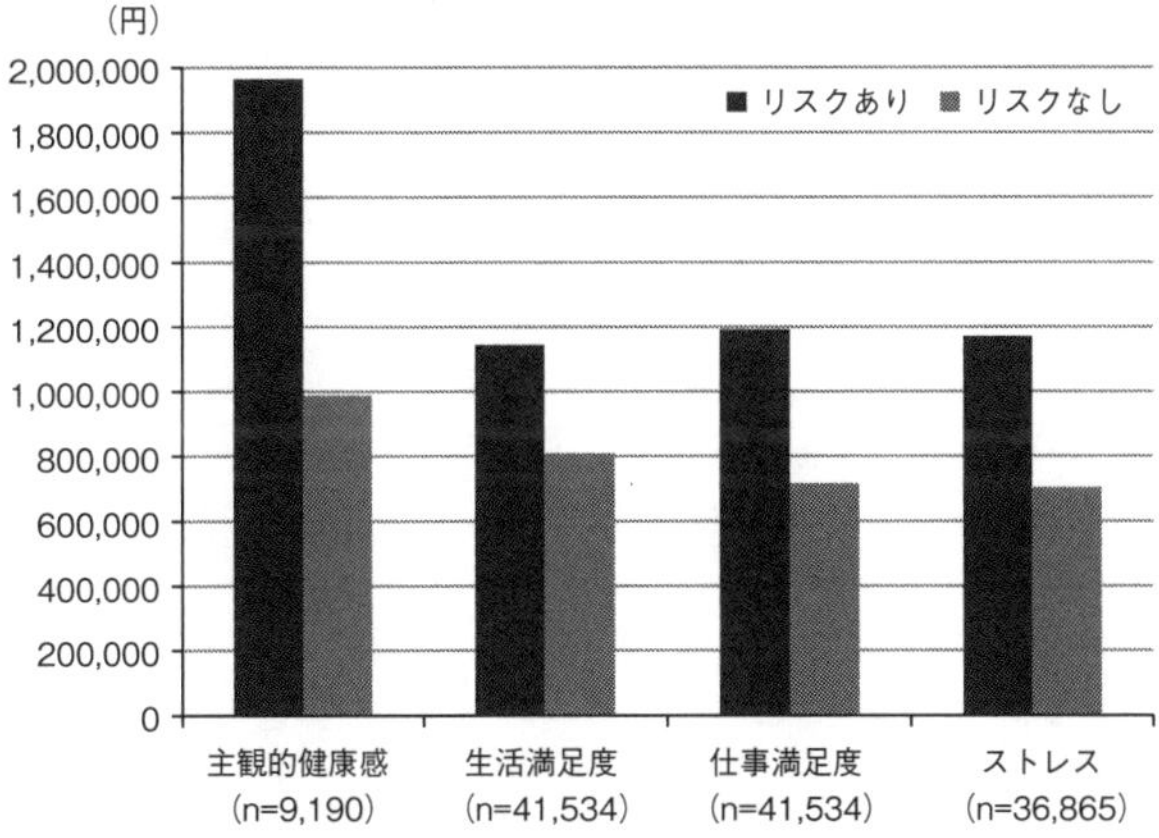

出典：企業の「健康経営」ガイドブック～連携・協働による健康づくりのススメ～（改訂第 1 版）

になります。特に仕事で車の運転をする人では、こうした症状があると重大事故につながりかねません。

定期健康診断でわかる血圧や血糖値、脂質、肥満などの数値を良くしていくことは、このようなプレゼンティーイズムによる損失を減らすことに直結します。そして健康に自信をもって働ける、不調や病気になったときも体調管理をしながら安心して働ける職場になれば、社員も本来の力を発揮して働くことができ、生活や人生の充実にもつながります。

最近調子がいい、体が軽いな、仕事は大変でも職場に行くと元気が出る――社員がそういう気分で働いている会社と、辛い、だるい、眠い、しんどい、会社に行きたくない――と社員が思っている会社では社員が発揮する力も、仕事の成果もまったく違ったものになります。

最初に社長が社員に「健康宣言」をする

私がいつも小規模事業所の経営者や人事・労務担当者にお伝えしているのは、最初に社長が社員に対して「健康宣言」をしてほしい、ということです。職場のトップが「うちの会社では、社員の健康を今まで以上に大事にしていきます」と宣言するのです。

よく人事・労務の担当者とお話をしていると「社長がいちばん心配」という声を耳にします。経営者というのは当然ながら自信をもっている人が多く、ある程度、年齢が高い人でも自分は健康に問題がないと過信して、社員の健康管理への取り組みが遅れることがあります。また社員の健康管理の必要性は理解していても、コストや人員不足などから二の足を踏んでしまい、導入が先送りになることも少なくありません。物的、人的資源が限られる小さな会社では、社長の理解がないと職場全体での健康づくりはなかなか進めにくいものです。

逆に小さな会社は、社長がその意義や必要性を理解して「やる」と決めれば、スピーディに計画を進められます。そういう決断の速さや柔軟性、トップと社員の理念の共有といった点は、小さな会社ならではの強みです。ですから、最初に社員に「健康な職場をつくる」と宣言することが大事なのです。

理想をいえば、経営理念のなかにその姿勢を明文化するのがベストです。例を挙げるとすれば、次のようなものが考えられます。

「わたしたちは、従業員一人ひとりの健康を大切な財産と考え、従業員が心身ともに健康で長く働き続けられる職場づくりを目指します。また健康経営を通じて、従業員とその家族のみならず、社会全体の幸福の実現に貢献していきます」

こうしたトップのメッセージを社員だけでなく顧客や取引先、株主に示すために、社内報やホームページ、年次報告書などで発信していくのです。

なお、全国健康保険協会（協会けんぽ）の愛知支部では、健康づくりを始める会社のために「健康宣言」のフォーマットを用意しています。所定の用紙に会社で取り組む予定の健康施策をいくつか選んで提出すると、受付などに掲示できる「健康宣言チャレンジ認定証」をもらえるということです。そのほか健康経営についての情報提供や、愛知銀行、中京銀行、名古屋銀行での金利優遇サービスも受けられます（2022年1月時点）。協会けんぽのほかの支部でも、同様の取り組みをしているところがありますので、調べてみてください。

健康管理をするための体制をつくる

小さな会社では社長が唐突に健康宣言をしたとしても最初から社内で全面的に歓迎されるとは限りません。「社長がまた何かやり始めたらしい」と、社員は冷ややかに見ている場合もあります。でも、それでもいいのです。最初は社員も半信半疑かもしれませんが、これから実践を進めていくという決意が大事です。

「健康宣言」を外向けのパフォーマンスではなく、担当部署や一般の社員も納得して取り組める実効性のあるものにするためには、社内で健康づくりをする体制をつくることが重要になります。

社員の健康管理のための体制づくりとは、産業保健の「5管理」のなかの「総括管理」に当たります。総括管理とは、組織として健康管理に取り組む体制を構築し、健康管理の計画を立て実践後の評価や見直しなどをしていくことです。

なぜ総括管理が必要かというと、職場の健康づくりは社長だけ、あるいは一部の担当者だけでできるものではないからです。社長から従業員までが方針を共有し、全員で取り組みを進めていくためには、方針を決め、取り組みをリードしていく中心メンバーやチームが必要になります。

従業員数50人以上の産業保健でいうと、この総括管理を行うのは衛生委員会を構成するメンバーが中心になります。

衛生委員会は定期的に社内の代表者と産業保健の専門家が集まり、社員の心身の健康リスクや健康増進の方針などを話し合う場です。いわば社員の健康管理のための情報共有をし、作戦会議をするのがこの委員会です。メンバーは統括安全衛生管理者（会社全体の健康管理の責任者）、衛生管理者（健康管理業務の中心を担う担当者）、作業主任者、労働者の代表、産業医などです。

従業員数50人以上の事業場は、会社がこうした各担当者や産業医を選任することや、月1回衛生委員会を開催することが法令で定められています。

職場の健康管理の窓口となるリーダーを決める

小さな会社では統括安全衛生管理者を社長が務めることが多いと思います。10～50人未満の事業場は衛生管理者の選任義務はありませんが、代わりに衛生推進者をおくことが一応定められています。

この衛生推進者は職場の健康管理の窓口であり、職場の健康づくりのリーダーとなる存在です。小規模事業所では人事・労務の担当者がこの業務を兼ねることが多いようです。

小規模事業所でこのリーダーとなる人は社員みんなから信頼されていて、何かあったときに気軽に相談しやすい人が理想です。必ずしも本人が完全な健康体である必要はありません。病気を経験している人や通院している人、家族の介護の経験がある人などのほうが、不調のある社員や病気の不安を抱える社員が相談しやすいと思います。

こうしたリーダーがほかの社員の見本となるような人と組んで健康管理をしていくのです。職場の定期健康診断で長年オールAというような、心身の健康管理の意識が高い社員に協力してもらい、社員が実践しやすい具体的な取り組みの計画を考えたりするのもよいと思います。

従業員数が9人以下の少人数の職場では社長が自ら健康管理についての窓口になるケースもあると思いますが、それはそれでかまいません。

健康状態のような個人情報について「社長に何か言われるのはちょっと……」と社員に警戒されるのでは、と心配する経営者もいるかもしれませんが、これも「健康宣言」を示してから行えば不自然ではありません。社長が直々に社員の健康について気に掛けてくれている、という事実が社員にとって大きい安心感になることも多々あります。

私の経験でも少人数の職場で社員の心身の健康度が高いところは、社長が上手に社員の心身の状態を把握し気配りをしている印象です。

「困ったときに気軽に相談できる」職場であることが重要

小さな会社の健康づくりでは社長や健康管理をするリーダーが、社員と向き合い、健康面や働き方のどういう点を改善したいかを話し合うことも重要です。

経営陣やリーダーの考えていることと従業員の意識とで落差が大きいと、有効な対策は行いにくいものです。社長は、流行りのストレスチェックなどのメンタル不調対策に力を入れようとしているけれど、従業員に話を聞くと「いやいや、そういうことを求めているのではなくて……」ということが意外にあります。

私たちが行った従業員50人未満の小規模事業所へのアンケートでは、経営者だけでなく従業員にも職場の健康管理について意見を聞いています。

「会社は従業員の健康管理はできていると思いますか?」という質問に対し、「十分にできている」という回答はわずか7・5%。「ある程度できている」が35・1%でした。

回答全体で最も多かったのは「どちらともいえない」で37・4%です。これは会社が健康管理の取り組みをしていないわけではないが、効果を感じられていない、あるいは、社員が求める健康支援とは合っていないということかもしれません。

残りの20%ほどは「あまりできていない」「ほぼできていない」との評価でした。自社の健康管理に十分に満足している経営者・従業員は、まだまだ限られていることがわかります。

また、会社の健康管理が「できている」と評価をした人と、「できていない」と評価をした人には理由についても尋ねました。そこで寄せられたのは次のような回答です。

「できている」派（「十分にできている」「ある程度できている」と回答）

・有給休暇が取りやすく、健康にも配慮してくれる（20代／男性／従業員／大阪府）

・体調不良の際にどこに連絡すればよいかの窓口がハッキリしている（30代／女性／従業員／神奈川県）

・年に2回の健康診断を実施している（50代／男性／経営者／東京都）

・通院など、融通できるようにしている（50代／女性／経営者／大阪府）

「できていない」派（「あまりできていない」「ほぼできていない」と回答）

・体調不良のときでも休みにくい（20代／女性／従業員／東京都）

・経営者が仕事に追われて従業員の管理ができていない（30代／女性／従業員／北海道）

・自己管理に任せているから（40代／女性／経営者／埼玉県）

・人材が不足していて、健康面をフォローできる担当者がいないため（50代／男性／経営者／東京都）

要するに社員が通院のために休暇を取りたい、体調不良で困っている、そういうときに気軽に相談できる職場であることが重要なのです。

体調が悪くても休めない職場では社員の心身に大きな負担がかかります。不安を抱えながら勤務を続けること自体、大きなストレスになります。反対に、体調について相談する窓口が明確でいざというときにも温かくフォローしてもらえる環境であれば、社員は安心して休養・療養をしながら働くことができます。

先のアンケートでは、従業員に対して「体調を崩した際に、社内に相談できる人はいますか？」という質問も行っています。そこで「いる」と回答した人は42・7％でした。奇しくも、会社が社員の健康管理を「十分にできている」「ある程度できている」と回答した人とほぼ同じ割合です。

一方「相談できる相手はいるが言いづらい」が28・4％、「(相談できる相手は) いない」が28・9％を占めていました。こういう職場では、気軽に相談できる担当者や窓口をつくることが最初の一歩になります。

定期健診結果から現状を把握し、計画を立てる

社員の健康管理のリーダーや中心となるメンバーが決まったら、現在の社員の心身の健康状態の把握・共有をしていきます。

社員の身体的な健康状態を知る基礎データとなるのが、これまで述べてきたように定期健康診断です。ただ定期健診からみえる課題といっても、おそらく問題が一つだけというところは少ないはずです。血圧の有所見率が高いし、血中脂質も血糖も高いというように、多くの課題があるのがむしろ普通です。それに対してどこから着手するか、どういう対策を行っていくかという計画を考えていきます。

とはいえ最初から効果の上がる計画はなかなか思いつかないかもしれません。

例えば「うちの職場は血圧が高い人が多いから、職場に血圧計を置いて毎日出社したら血圧を測ろう」という計画を考えたとします。職場に血圧計を置くことが悪いわけではありませんが、ただ測るだけでは、おそらく3カ月もすると誰もやらなくなります。社員のやることだけが増えて効果が感じにくいような対策は、どうしても長続きしないもので

す。

職場全体の健康づくりは個々の数値を直接管理・改善するというよりも、血圧が高い人を減らすとともに血圧の高い人も安心して働けるように、職場で対応できることに一つずつ手を打っていくイメージで考えるのがポイントです。

そこで重要になるのが労働衛生の「5管理」です。健康管理のための体制をつくり、計画立案をする総括管理を除いた残る4つの管理が具体的な対策・計画の柱になってきます。

作業環境管理・作業管理・健康管理・労働衛生教育の4つの視点

作業環境管理

作業環境管理は働く場所、いわゆる職場環境の面での対策です。職場環境に社員のストレスになり血圧上昇につながるような要因がないかどうかを考えてみます。血圧は一日のなかで刻々と変動しています。身体的な不快さがあれば血圧は上がりますし、ちょっとイライラすることがあればやはり血圧は上昇します。職場の温度や湿度、騒音、明るさなどのほか、職場が整理整頓されているか、休憩室などリラックスできる環境があるかどうか、といったことも意外に重要です。

作業管理

作業管理は働く人の作業や動きに関するものです。作業のときの姿勢や、労働時間、休憩・休暇の取り方などについて検討します。

もし血圧が高い人が多い部署で残業が多いのであれば、残業を減らすために会社で何ができるかを考えてみる必要があります。「もともと人手不足で残業が増えているのだから、残業を減らすなんて無理」と思う人もいるかもしれませんが、社内で率直に話をしてみると、意外な解決法がみつかることがあります。

私が産業医として関わっているある職場では、業務の負担が集中している一部の部署で健診の数値が良くありませんでした。その状況を社内で話し合ったところ、隣の部署の人が「うちで業務のサポートをできますよ」と手を挙げてくれたことがあります。

健康管理

健康管理は定期健康診断とその後の事後措置、生活習慣病対策などを指します。生活習慣病対策とは、社員の食事や運動、飲酒、喫煙といった生活習慣の見直しに関することです。社員の帰宅が遅く、夕食が遅い時間になると過食や肥満につながり、血圧を上げてしまいます。帰宅を早められないのであれば、午後6時頃に職場で軽食を摂ってもらうと遅い時間の過食防止になります。

またデスクワークが長く社員が全体的に運動不足ということなら、職場でストレッチをするなど体を動かす時間をつくるのもいいかもしれません。喫煙も血圧を上げる要因の一つです。喫煙者が多い職場なら、禁煙外来の情報を提供するといったことも有効な取り組みです。

労働衛生教育

労働衛生教育は社員に対する健康教育のことです。社内外で生活習慣病対策やメンタルヘルス対策の健康セミナーを受講する、といったことが該当します。

もちろんこれらすべてを一度に進めることはできません。今の職場の現状、社員の現状に合わせてできることから一つずつやってみる、というくらいでかまいません。できるだけ、社員もメリットを実感できるような対策を検討していくことが大切です。

1シーズンに1回は、職場懇談会を開催する

そしてこのような健康管理の方針を検討したり、効果を確認したりするための「職場懇談会」を定期的に設けてください。

これは従業員50人以上の職場でいう衛生委員会に代わるものです。衛生委員会は月に1回開催することが決められていますが、小さな会社では月1回にこだわらなくてもいいと思います。2カ月に1回とか少なくとも春夏秋冬各シーズンに1回はできるのが望ましいです。参加するメンバーは社長や健康管理のリーダーを中心として、必要に応じて柔軟に決めてかまいません。

ここで注意をしたいのは定期健診結果や労働時間などの数値を報告するだけの機会にしてはいけないということです。「今月はAさんの残業が多いので、Aさんに注意をしてく

ださい」「健診結果で判定が悪いのは、BさんとCさんです」と、個人の問題として考えているだけでは、職場全体の健康づくりに広がっていきません。

むしろ職場懇談会は社長やリーダーと社員が、健康や働き方について自由に話し合いをする機会と考えます。仕事中に気になるちょっとした困りごとを自由に話してもらえればいいのです。外回りの営業担当者に合わせてエアコンの温度を設定すると寒すぎるとか、コピー機の横にコピー用紙が山積みされていて、足をぶつけることがあるとか、そんなことでもかまいません。会議の場所も毎回会議室でなくても、ときには社員同士の懇親会のようなスタイルでもいいと思います。

ある会社の社長から「毎年社員でバーベキューをしているので、先生もそこに来て社員と話をしてください」と呼ばれたことがあります。そういう場だと、会議室では遠慮をしてあまり発言しない人とも気軽に話ができますし、その人の人柄や本音がよくわかることがあります。その会社のバーベキューのときは部下の方も「これまで上司と仕事以外でほとんど話したことがなかった。こんなふうに話をする人なんだとわかった」と安心した様子で喜んでいました。

こうした交流を定期的にもつことで社内の人間関係をほぐし、健康の悩みやプライベートなことも話しやすい雰囲気をつくることも、職場の健康づくりを成功させるためにとても重要です。

健康づくりのＰＤＣＡを回すことで「健康な職場」が実現

社内で健康づくりをする体制をつくり計画を立てたら、あとは実践をして定期的に評価をし、さらなる改善につなげていきます。いわゆるＰＤＣＡ（Plan：計画、Do：実践、Check：評価、Action：改善）を回すということです。このときのCheckには、取り組み状況の評価と効果の評価がありますが、健康づくりの効果という部分は、ある程度長期的なスパンで考える必要があります。

定期健診の数値の改善や長時間労働の減少、休職・離職の減少、生産性の向上といった数値でわかるような効果は、数カ月などの短期間では確認することはできません。おそらく健康づくりをスタートしても、1年目は社員の健康状態や働き方の現状を把握し、社内での取り組みの大きな方針を決めるくらいで終わってしまうかもしれません。

けれどもそこで諦めてはいけません。職場の健康づくりは計画的・継続的にやっていくことが非常に重要です。2年、3年と続けていくと定期健診の数値の改善や生産性の向上など、明らかな効果を得られるようになります。

また数値には表れない「効果」もあります。職場で挨拶やコミュニケーションが増える、社員の表情が明るくなる、職場に活気が出てくる、働く意欲が高くなる……そういう変化は1年目からでも感じられることがよくあります。

そういう良い変化が感じられるのは職場の健康づくりがうまく回り始めている証拠です。

【コラム】職場の感染症対策も、マスクと手洗い、距離、換気が基本

新型コロナウイルスのパンデミックによって、職場の感染症対策についても非常に関心が高くなっています。すでに多くの職場でいろいろな対策がされていますが、感染症を引き起こすウイルスは新型コロナウイルスだけでなく、インフルエンザウイルスやノロウイルスなどもあります。あらためて感染症予防の基本について確認しておきます。

感染症には次のような種類があります。

・急性感染症
季節によって流行する感染症です。季節性インフルエンザや冬期に多くみられるノロウイルスなどの感染性胃腸炎などがそうです。

・慢性感染症
季節を問わず罹患する可能性があるもので、結核や肝炎、風疹などがあります。

・海外赴任者による感染症
赴任先で流行している感染症に感染することです。滞在先や滞在期間によって感染症の種類はさまざまで、近年ではアフリカでのエボラウイルスも話題になりました。

・外国人労働者による感染症
出身国で流行している感染症の病原体をもっている外国人労働者が、知らないうちに感染症を広げてしまうことがあります。現在は2019年4月の改正入管難民法で来日する外国人労働者に向けて結核健診を行う、在留資格の申請時に健診結果の提出を義務付ける、といった水際対策が行われています。

職場の感染症対策の基本は、①従業員への健康教育、②従業員の健康管理、③職場の環境管理の3つです。

①従業員への健康教育

予防接種の必要性や、手洗い・うがいの励行、咳エチケットなどの簡単な感染予防対策を周知します。感染症にかからない抵抗力をつけるための十分な睡眠やストレス対策など、感染予防のための正しい健康知識を伝えます。

②従業員の健康管理

従業員一人ひとりの健康状況を把握するとともに、仕事で過重な負担がかかっていないか確認し、必要に応じて勤務体制や業務内容の見直しをします。

③職場の環境管理

十分な換気、温度と湿度の管理が必要です。手洗いに必要な洗浄剤や消毒液が切れたままにならないよう、補充や備蓄をします。また感染者がみつかった場合の体制整備も事前に考えておくと安心です。

また、職場内の場所別に特に感染予防対策として気をつけたいのは以下のようなところです。

・ドアノブ、スイッチ、受話器、インターホン

これらは来客を含めて多くの人の手が触れる場所です。業務中にスイッチに触れるたびに手洗いをすることはできませんから、周囲に手指消毒用のアルコールを置くなどして、手に付着したウイルスによる感染を広げない工夫が必要です。

・トイレ

トイレの清掃は1日1回必ず実施します。使用者が直接手で触れるところと、排泄物が流れる便器内は掃除用具などを必ず分けておき、清潔な場所→不潔な場所という順で掃除を進めます。また正しい手洗いの方法を、鏡の前など目につくところに貼っておくのも効果的です。

・会議室や休憩室など多くの人が集まる場所

多くの人が集まる場所は感染のリスクも高くなります。咳やくしゃみが出る人は必ずマスクを着用してもらうように徹底します。使用後のマスクやティッシュはふたつきのごみ箱に捨てるなど、ほかの人が触れないように注意する必要があります。

［第4章］

定期健康診断の結果をもとに職場環境や業務の質・量を改善する

職場環境や働き方は、社員の健康と深く関わっている

職場の健康づくりの実践の内容は多岐にわたります。

小規模事業所へのアンケートで明らかになったのは経営者や担当者のなかには「専門的知識をもつ人が周りにいない」ために社員の健康管理をできないと考える人が多いということです。確かに生活習慣病などについては健康や医療についての知識が必要な部分もありますが、それは職場の健康づくり全体からすれば一部です。

最近の健康経営に関する書籍などをみると、「高ストレス者対策」が注目されているのがわかります。「ストレスは心身の健康にとって良くない」ことはよく知られています。しかし、何がストレスになるかは人によって、職場によってそれぞれ異なります。毎日朝から出社して深夜帰宅が続くような長時間労働があるのであれば、それは明らかなストレスだといえます。過剰なノルマや上司・同僚からのパワハラ、セクハラといったハラスメントもそうです。それらが横行している職場は真っ先にその点を改善しなければいけません。

けれども労働基準監督署の指導の対象になるような明らかなストレス要因がなくても、社員が心や体の健康を害してしまい、休業や離職に至る例は少なくありません。おそらく一般に想像される以上に職場環境や働き方とそこで働く人の心身の健康には、深い関わりがあるのです。一般の人からすると、「えっ、そんなことが健康に影響するの？」ということも多いかもしれません。

例えば部署内の各メンバーの机の配置に問題がある場合もあります。もし部長がいちばん奥で部員たちを背後から見張る形になっているなら要注意です。こういう配置は部員にとって高ストレスであることがわかっています。

このような形だと、部下は上司から声を掛けられれば後ろを向かなくてはならず、完全に業務の手が止まって生産性が下がります。また部下から上司の姿が見えず、見えないところから急に声を掛けられる、というのも恐怖を感じやすいようです。こうしたちょっとしたことが、職場の健康度を下げている例もあります。今の職場で当たり前のこと、「ずっと前からこうだったし考えたこともなかった」というようなことにその職場の課題が隠れていることもよくあります。

健康な職場づくりとは、みんなが安心して気持ちよく仕事をできる職場、社員が疲労やストレスを感じることが少なく、いきいきと働ける職場をつくることです。専門家がいないとできない特別なことだと思わずいろいろな視点から自分たちの職場でできる取り組みを考えてみてください。

作業環境管理① 職場環境の室温や明るさなどが快適か

フルタイムで働いている人は1日7~8時間を職場で過ごします。作業環境、職場環境に問題があるとけがや事故のリスクが高まりますし、聴力・視力をはじめ、健康面にさまざまな影響が及びます。

法律上も「事業者（会社）は、事業場における安全衛生の水準の向上を図るため、適切な措置を継続的かつ計画的に講ずることにより、快適な職場環境を形成するよう努めなければならない」（労働安全衛生法）となっています。

作業環境でチェックするのは、次のようなポイントです。

・空気環境：空気の汚れ、臭気、浮遊粉じん、たばこの煙
・温熱条件：温度、湿度、感覚温度、冷暖房条件（外気温との差、仕事にあった温度、室内の温度差、気流の状態）
・視環境：明るさ、採光方法、グレア（見えにくさを伴うまぶしさ）、ちらつき、色彩、照明方法（直接照明、間接照明、全体照明、局所照明）
・音環境：騒音レベルの高い音、音色の不快な音
・作業環境など：部屋の広さ、動き回る空間（通路など）、レイアウト、整理・整頓

職場に照明が少なく暗い、作業場が暑い・寒い、たばこの臭いが不快など、「快適さ」を妨げる要因がないかどうかはすぐに確認できます。

職場の明るさや温度については年齢や個人差への配慮も必要です。中高年になると老眼で細かいものが見えづらくなったり、目の水晶体にくすみが出て光を通しづらくなったりします。年齢の高い社員が多い職場では照明を明るめにする、手元を明るくするライトを追加するといったことを検討する必要もあります。

職場環境のうち、建物の設備や作業場の広さなどはすぐには変えにくいものですが、課題や改善案を話し合いながら、職場の模様替えなどの機会に反映するというのも現実的な方法です。

産業医を選任している職場では、衛生委員会の一環で「職場巡視」を実施することもよくあります。職場巡視とは、職場の担当者や産業医などが職場内の各所を回りながら、職場環境に事故やけがにつながるような危険や健康リスクがないかどうかを点検することです。必要に応じ、産業医や労働安全衛生の専門家に職場環境のリスクを評価してもらう「リスクアセスメント」を行うこともあります。

産業医を選任していない職場では、各地域の労働基準監督署、産業保健総合支援センターや地域産業保健センターなどに相談をすると、職場巡視やリスクアセスメントについて指導をしてもらえます。

作業環境管理② パソコン作業やテレワークのときの注意

パソコンなど情報機器に向かう時間が長い職場では、情報機器作業の環境もチェックすべきです。

窓からの太陽光が画面に反射して見えづらい、机まわりが狭く、不自然な姿勢で作業を続けているなど適切ではない環境・設定のまま仕事をしていると、眼精疲労や視力低下、頭痛、肩こり、腰痛といった健康障害を起こしやすくなります。また疲労や見えづらさによって業務上のミスが増えると精神的なストレスが高まります。

パソコン作業をする机は業務に必要なものを配置でき、作業中に腕や脚がきゅうくつにならない十分な広さがあるのが理想です。また机や椅子の高さも低過ぎたり、高過ぎたりすると不自然な姿勢を招きます。調整が可能なものは、体形に合わせて高さなどを調整して使います。

パソコンなどのディスプレイは、室内の環境や作業する人の見やすさによって、輝度（明るさ）やコントラストを調整します。適正な画面の明るさの目安は500ルクスです。蛍光灯の照明をつけた事務所や百貨店の売り場などが、だいたい500ルクスとされています。画面と周囲との明るさの差が少ないことも大切で、残業などで部屋の照明を消して明るいパソコン画面だけを見続けるのは良くありません。画面に太陽光が当たるようなと

［図表13］　テレワークの作業環境整備　参考：厚生労働省

自宅等でテレワークを行う際の作業環境整備

部屋

設備の占める容積を除き、**10m² 以上の空間**
（参考条文：事務所衛生基準規則第２条）

室温・湿度

気流は 0.5m/ 以下で直接継続して当たらず、**室温 17℃～ 28℃　相対湿度 40%～70%**となるよう努める
（参考条文：事務所衛生基準規則第５条）

照明

机上は照度 **300 ルクス以上**とする（参考条文：事務所衛生基準規則第 10 条）

窓

・窓などの換気設備を設ける
・ディスプレイに太陽光が入射する場合は、窓にブラインドやカーテンを設ける
（参考：事務所衛生基準規則第３条、情報機器作業における労働衛生管理のためのガイドライン）

PC

・ディスプレイは照度 500 ルクス以下で、輝度やコントラストが調整できる
・キーボードとディスプレイは分離して位置を調整できる
・操作しやすいマウスを使う
（参考：情報機器作業における労働衛生管理のためのガイドライン）

机

・必要なものが配置できる広さがある
・作業中に脚が窮屈でない空間がある
・体型に合った高さである、または高さの調整ができる
（参考：情報機器作業における労働衛生管理のためのガイドライン）

椅子

・安定していて、簡単に移動できる
・座面の高さを調整できる
・傾きを調整できる背もたれがある
・肘掛けがある
（参考：情報機器作業における労働衛生管理のためのガイドライン）

その他

作業中の姿勢や、作業時間にも注意しましょう！
・椅子に深く腰かけ背もたれに背を十分にあて、足裏全体が床に接した姿勢が基本
・ディスプレイとおおむね 40cm 以上の視距離を確保する
・情報機器作業が過度に長時間にならないようにする
（参考：情報機器作業における労働衛生管理のためのガイドライン）

※情報機器作業とは、パソコンやタブレット端末等の情報機器を使用して、データの入力・検索・照合等、文章・画像等の編集・修正等、プログラミング、監視等を行う作業です

きは、ブラインドやカーテンで日光を遮ります。

ほかにも画面とキーボードを分離できるデスクトップパソコンを使う、使いやすいマウスを使うなども、情報機器作業による疲労や健康障害の予防になります。

コロナ禍以降はテレワークの普及により職場以外で情報機器作業をする人も増加しています。テレワークでは自宅のソファに座り、低いソファテーブルでパソコン作業をするなど、職場以上に作業環境が作業に合っていない例が多いので注意が必要です。

作業環境管理③　整理・整頓・清掃・清潔・しつけの「5S」が大事

産業保健では業務を安全かつ効率的に行うために「5S活動」が重要といわれています。5Sとは整理・整頓・清掃・清潔・しつけ、の5つのローマ字表記の頭文字です。

- 整理：必要なものと必要のないものをはっきり分けて必要のないものを捨てる。
- 整頓：必要なものを使いやすいように決められたところに置き、誰にでもわかるようにする。

・清掃：職場や仕事で使用する道具・機械などを常に掃除し、きれいにする。
・清潔：作業場や働く人が使用する施設を清潔に保ち、働く人の身なりも清潔にする。
・しつけ：職場のルールを明確にし、決められたルールをいつも正しく守る習慣をつくる。

整理整頓や清潔が職場の安全や社員の健康につながるのは、イメージとして理解しやすいものです。ただ実際は小さな会社では業務に追われて整理整頓が追い付いていないことがあります。ずっとそういう環境だと物の使い方などが少々不便でも、それに慣れてしまって何とも思わなくなっているケースもあります。

しかし物の置き場が乱雑でいつも何かをどけないと使いたいものが取れないとか、必要なものの在庫が切れていてもわからず使いたいときに在庫がないことに気づいて慌てて買いに走るとか、そういった小さなストレスの積み重ねが疲労感や職場への不信感となり、社員の心身の活力が低下してしまう例も意外にあります。

また整理整頓や清潔は人によっても感覚が異なります。不要なものは早く捨ててきちんと整理したいタイプの人もいれば乱雑でも気にならない人、あまり細かいことを言わないでほしいという大雑把な人もいます。だからこそ職場全体でルールを明確にし、みんなが守るという「しつけ」も必要になります。

例えば職場の本棚の手前に横向きに本が置かれている事業所があります。そのような職場ではいつも特定の人が横向きに詰まれた本を片づけていたりします。この片づけをするタイプの人は数カ月後にメンタル不調を発症するリスクが高いです。

横向きに本を置いている社員からすると片づけてくれて有り難い、○○さんはきれい好きなんだなという程度かもしれませんが、本人は、他人のしたことの後始末で自分の仕事の効率が落ちますし、「いつも片づけているのに何度やっても改善しない。もしかして私に対する嫌がらせでは……」と、どんどんネガティブな方向に考えが傾いてしまうことがあります。

やはり社内の誰もが仕事をしやすい整理整頓された職場、清潔な職場をつくっていくことが大事です。「昔からこうだったから」「忙しいからあとで」とやり過ごしてしまわず、「5S」を意識して見直しをすることが大切です。

作業環境管理④　休憩スペースがない職場は高ストレス

職場環境改善というとオフィスや実際の作業をする場所、来客スペースなどに気を取られてしまいますが、休憩室や更衣室、洗面所など、いわゆるバックヤードと呼ばれるような施設も非常に重要です。

〈疲労回復支援施設〉

・休憩室など：休憩室や仮眠室など、疲労やストレスを癒す施設
・洗身施設：シャワー室などの多量の発汗や身体の汚れを洗う施設
・相談室など：疲労やストレスについて相談できる施設
・リラクゼーション施設など：体を動かすための運動施設、緑地など

〈職場生活支援施設〉

・洗面所、更衣室など：洗面所、更衣室など、就業に必要となる身なりを整える施設

・食堂など：食事をすることのできるスペース
・給湯設備、談話室など：お湯を沸かして飲料を用意したり、飲んだりできるスペース

職場は1日のうちでかなり長い時間を過ごす場所です。安心して業務に集中できる環境をつくるとともに、着替えなど準備をする施設や、休憩・疲労回復のための施設も快適で気持ちのいい場所であることが大切です。

私の経験でもお客さんが来るオフィスはピカピカにキレイなのに従業員が着替えをするロッカーが乱雑で照明の電球も切れたままという職場がありました。経営者はバックヤードは外部の人の目に触れず、社員しか使わないからいいだろうと思うのかもしれませんが、電球の切れた薄暗いロッカーで更衣をする従業員は「自分たちは会社に大事にされている」という実感はもてないものです。電球くらいはすぐに補充できますから、明るく清潔に、気持ち良く使えるようにしておきたいものです。

また小さな会社では、スペースの都合で休憩室がないこともよくあります。従業員が10人に満たない美容室などは、営業時間中は職場を離れることもできず、バックヤードで

も常に上司と一緒で部下は気が休まる瞬間がなく、高ストレスになっていることがあります。毎日は無理でも、予約や来客が少ない曜日は外の喫茶店で1時間休憩してもよいとするなど、ホッとできる時間をもつ工夫が必要です。

作業管理①　長時間労働が血圧・血中脂質・血糖を上げる

作業管理では労働時間や業務量の管理と、作業のしかたや業務中の姿勢などについて考えます。

労働時間については長時間労働が健康に悪影響を与えるのは明らかです。残業や時間外労働が一定量を超えると、血圧や血中脂質、血糖といった定期健康診断の項目で異常が多くなることが指摘されています。

三重産業保健推進センターの調査（２００８年）によると、健診前の６カ月平均の時間外労働時間が多くなるほど、総コレステロールやＬＤＬコレステロールの値が上がるとの結果が示されています。特に時間外労働が月80時間を超えると、上昇率がぐんと高くなっています。

別の調査では、月時間外労働が60～80時間を超える長時間労働は、血圧を上昇させ、脳・心疾患の発症リスクを2～3倍にするという報告もあります。

また長時間労働と睡眠不足が重なることで、心筋梗塞や糖尿病の発症リスクが高まるという研究もあります。時間外労働が61時間以上、勤務日の睡眠時間が1日5時間以下になると、時間外労働が60時間以下、睡眠6時間以上の人に比べて心筋梗塞の発症リスクが4・8倍にもなります。

時間外労働が1カ月に100時間以上、あるいは2～6カ月平均で月80時間以上というのは、いわゆる「過労死ライン」に当てはまります。社員の定期健診の有所見率が高く、労働時間も長いという職場は、残業・時間外労働を少しでも減らすための対策を職場全体で検討する必要があります。

さらに現在は月あたりの労働時間だけでなく、労働者の心身に負荷をかける働き方や異常な出来事なども、労災認定の基準に加えられています。

［図表 14］　労災認定基準

脳・心臓疾患の労災認定基準

業務と発症との関連が強いと評価

労働時間
発症前１カ月間に100時間
または
２～６カ月間平均で月80時間を超える
時間外労働の水準には至らないが
これに近い時間外労働

＋

一定の労働時間以外の負荷要因

労働時間以外の負荷要因	勤務時間の不規則性	拘束時間の長い勤務
		休日のない連続勤務
		勤務間インターバルが短い勤務 ※「勤務間インターバル」とは、終業から次の勤務の始業までをいいます
		不規則な勤務・交替制勤務・深夜勤務
	事業場外における移動を伴う業務	出張の多い業務
		その他事業場外における移動を伴う業務
	心理的負荷を伴う業務 ※改正前の「精神的緊張を伴う業務」の内容を拡充	
	身体的負荷を伴う業務	
	作業環境 ※長期間の過重業務では付加的に評価	温度環境
		騒音

出典：「脳・心臓疾患の労災認定基準」（厚生労働省）

作業管理②　「座りっぱなし」で死亡率が上がる

作業のしかたや作業中の姿勢などもあらためて見直しが必要です。

前かがみの姿勢が長く続く、重い物を持ち上げるといった業務では、作業台や机・椅子など環境面の調整と併せて作業方法を工夫する必要があります。また腰への負担の少ない動作を学んで職場全体で取り組んでいくといったことも有効です。

簡単なことでいえば、床にある重い荷物を持ち上げるときは膝を伸ばしたまま腰だけを曲げて持ち上げると腰を痛める原因になります。膝を曲げてかがんで荷物を持ち、ゆっくり立ち上がるようにするだけでも腰への負担は少なくなります。

一方で一般的な事務作業をしている人、オフィスワーカーの人は「座りすぎ」にも注意が必要です。シドニー大学が世界20か国の総座位時間を比較したところ、日本人が平日に座っている時間は7時間（420分）で、世界一長いという結果でした。

欧米の研究では、座っている時間が長いほど健康リスクが高くなることが報告されています。１日に11時間以上座っている人は、４時間未満の人に比べて死亡リスクが40％高まるとの指摘もあります。さらに肥満、糖尿病、メタボリックシンドローム、心疾患、がんなどの発症との関係もあります。

考えられる理由はずっと体を動かさずにいることで血流が悪化し、血管の柔軟性が失われて脳・心臓疾患のリスクが上がるのが一つです。また臀部や脚などの下半身には人体の筋肉の6割が集まっています。座り続けて下半身の大きい筋肉を使わないことで筋肉が減少すると消費エネルギーが下がり、糖や脂質の代謝が悪くなることも一因と推測されています。

早稲田大学の研究では、仕事中の座り時間に、通勤などの移動中の座り時間、帰宅してからの座り時間を合計すると1日に10時間以上になる人が珍しくないということです。この座り過ぎの健康リスクを予防する対策は、こまめに体を動かすことです。

30分に1回立ち上がるだけでも血流が改善するということで「STAND UP 301」という運動をしている団体もあります。30分に1回3分くらい、1時間に1回なら5分程度は立つ・歩く・動くといった動作をするのが効果的です。立ち上がってトイレや洗面所に行く、軽い屈伸やストレッチをする、隣の部署まで物を持って行く、廊下を往復するなど、どんな動作でもいいので職場で定期的に体を動かすよう働きかけることが大切です。

作業管理③　挨拶のない職場は、メンタル不調が増えやすい

社員同士のコミュニケーションを良好にすることも、大きい視点でいえば作業管理の一つです。

職場のコミュニケーションというと歓送迎会のような酒席や社員旅行、スポーツイベントを想像する人もいるかもしれませんが、私が重視しているのは日頃のコミュニケーション、社員同士が職場で気軽に質問や会話をできる関係かという点です。このような会社の風通しの良し悪しがよくわかるのが職場の挨拶です。

挨拶のない職場は全体的にムードが暗いですし、社員同士がお互いの心身の健康の変化にも気づきにくくなり、メンタル不調をはじめとした休業・離職が多くなるように思います。

職場のコミュニケーションの状況は産業医である私が職場を訪問したときにもすぐにわかります。コミュニケーションが良好な職場は、私の顔をまだ覚えていないような一般社

員の方も通りすがりに「おはようございます」「こんにちは」と気持ちのいい挨拶をしてくれます。私が個別に「今の働き方はどうですか?」といった調査をしているときも、本人の答えに「えー、それって○○さんだからじゃない」などと、周りの社員が突っ込みを入れたりして、普段の人柄や社員同士の人間関係まで伝わってくることがあります。

それに対して、挨拶がない職場は私が職場に行くと「誰だ、この人は」という警戒の視線を投げられます。質問をしても周囲に遠慮をしながら言葉を選んで回答をするといった感じで、なかなか心を開いてもらえません。

仕事で成果をあげれば、挨拶や余計なコミュニケーションは不要と考える人もいるかもしれませんが、出勤時・退勤時の挨拶やちょっとした会話にも社員の心身の状態が現れています。職場の健康づくりという点では、基本的な挨拶はとても重要になります。

ＩＴ関連企業や若い人が多い職場だと先に出社して仕事をしている人の邪魔をしないように声を掛けないと考える人も多いようですが、わざわざ仕事の手を止めて、顔を合わせて挨拶をしなくてもいいのです。出社した人が周りに一声掛けてから席につく、という感じでもかまいません。社内でお互いに気軽に声を掛け合える関係をつくっていくことで、職場の健康状況も大きく変わります。

作業管理④　治療中の社員の両立支援は、専門家にも相談

すでに病気があり通院治療などを受けている社員がいる場合、治療と仕事の両立がしやすいように業務内容や業務量の調整が必要になることもあります。

近年は「がん」のように深刻な病気でも通院治療を受けながら、仕事を継続できるようになってきています。「平成22年国民生活基礎調査」に基づく推計によれば、仕事をもちながらがんの治療で通院している従業員は32万人に上っています。傷病を理由として1カ月以上連続して休業している従業員のいる企業の割合は、メンタルヘルスによる休業で38％、がんが21％、脳血管疾患が12％となっています。

また「平成25年メンタルヘルス、私傷病などの治療と職業生活の両立支援に関する調査」によると、連続1カ月以上の療養を必要とする従業員が出た場合に「ほとんどが病気休職を申請せずに退職する」「一部に病気休職を申請せず退職する者がいる」と回答した企業はメンタル不調で18％、その他の身体的疾患で15％あります。過去3年間で病気休職

制度を新規に利用した従業員のうち、38％が復職せずに退職しています。

「治療と職業生活の両立支援対策事業」で傷病を抱える従業員が必要と感じていることを尋ねた設問に対しては、以下のような回答が挙がっていました。

・第1位：体調や治療の状況に応じた柔軟な勤務体制（47・8％）
・第2位：治療・通院目的の休暇・休業制度など（45・2％）
・第3位：休暇制度などの社内の制度が利用しやすい風土の醸成（35・0％）
・第4位：働く人に配慮した診療時間の設定や治療方法の情報提供（28・0％）
・第5位：病気の予防や早期発見、重症化予防の推進（26・0％）

業務上の労災ではない一般的な病気療養は、社員本人の申し出を受けて、会社が対応を考えるのが基本です。社員が自ら申請しやすいように窓口を明確にしたり、休職や通院のための休暇を取りやすいしくみをつくったりする必要があります。

また病気療養と仕事の両立支援では必要に応じて外部資源も利用することができます。

がんの治療では各地域のがん拠点病院に両立支援の相談窓口があります。そこで本人に了解を得て職場の担当者が同行し、相談をすることができます。また脳血管疾患や心疾患などでも、主治医や通院先の病院のソーシャルワーカーに相談することもできます。

治療中の社員は、本当は薬の副作用などでつらい状態でも、社長や労務担当者が体調を尋ねると、周りに心配を掛けまいと「大丈夫です」と答える傾向があります。外部の専門家に「本人は大丈夫と言っているが、会社として気をつけることはあるか」と相談をしておくのも一案です。

本人にも「何かあったらすぐに相談してほしい」と伝え、会社に配慮する意志があることを示しておくとより安心感につながります。

健康管理①　社員は自分で健康管理をする必要がある

健康管理には定期健康診断をはじめとした健康診断の実施と事後措置など、そして生活習慣病を予防するための生活習慣改善などがあります。

職場で行う定期健康診断は法令で定められていますから、受診率は１００％にするのが原則です。定期健診を受けていない社員がいれば、個別に連絡をして受診を促します。さらに定期健診の結果、精密検査や再検査、医師や保健師による保健指導などが必要とされた社員には、それらを早期に受けるように伝え、受診の状況を確認します。

会社には健康診断を実施して社員の健康を守る義務がありますが、個々の社員にも職場の定期健診を受けて自分の健康を守る責任があります。労働安全衛生法にも、次のような自己保健義務に関する条文が盛り込まれています。

「労働者は事業者が行う健康診断を受けなければならない」

「労働者は通知された健康診断の結果及び保健指導を利用して、その健康の保持に努めるものとする」

「労働者は、事業者の労働者に対する健康教育及び健康相談その他労働者の健康の保持増進を図るため継続的かつ計画的に講ずる措置を利用して、その健康の保持増進に努めるものとする」

このように法律でも定められていますから、社長や担当者は自信をもって社員に健診受診を勧められます。社内の担当者からの促しで効果がないときに、産業医や保健師から受診を推奨してもらうと受診率が向上するというデータもあります。産業医を選任していない職場は地域産業保健センターなどの外部資源に相談をすることができます。

健康管理②　朝食を摂り、夕食は早め・軽めを心掛ける

職場の定期健康診断で、血圧や血糖、脂質異常などの生活習慣病関連の有所見率が高かった職場は、社員の食生活の見直しが必要になります。

健康に良い食事は、主食と主菜、副菜を組み合わせたバランスの良い食事です。手早く食べようと思うとご飯やパン、麺といった主食が多くなりがちです。体を動かす業務の人は主食でしっかりエネルギーを補給するのも大事ですが、肥満やメタボがある人、デスクワークが中心の人は主食はやや控えめにそして肉や魚、卵、大豆製品などのたんぱく質のおかずと、野菜や海藻、きのこなど、微量栄養素や食物繊維を摂れるおかずを増やすと、栄養バランスが良くなります。

社員食堂のある職場、職場で仕出し弁当を取っている会社では、社食や弁当のメニューをヘルシーなものに切り替えるのも良い方法です。

食事の回数や時間も重要です。痩せているのに脂質異常がある人は、朝食を欠食している割合が高いというデータがあります。健康のためには、朝食をきちんと摂って一日の活動を始めることが大事です。

帰宅が遅いと夜遅い時間に食べてしまい、朝もギリギリまで寝ていると朝食が食べられなくなります。早く帰宅して夕食を早い時間に摂れるようにし、朝は果物と牛乳など、簡単なものでいいので朝食を食べて出勤するリズムをつくります。社員が早く出勤して職場で朝食を摂れるように、おにぎりやサンドイッチ、バナナ、ゆで卵、野菜ジュースなどを用意している会社もあります。帰宅が遅くなるときは夕食を2回に分けるつもりで、夕方に職場でおにぎりなどの軽食を摂り、帰宅してから軽い食事をするというのも、肥満や生活習慣病の予防になります。

健康管理③　筋肉をつけると血糖値対策にも有効

食事とともに大事なのが運動習慣です。体を動かさずにいると筋肉がどんどん減少してしまいます。特に運動習慣がない人では成人してからは年に1％ずつ筋肉量が減少していくといわれます。

私たちの体の筋肉は食事で摂った糖をグリコーゲンとして蓄え、身体活動のエネルギーとして使っています。筋肉が減少すると、摂取した糖を十分に貯蔵・消費できなくなり、肥満へと傾いていってしまいます。

また体を動かさないと血流が悪くなり血管を柔軟に保つ機能が低下します。そして血圧が上昇していったり、動脈硬化が進行したりします。こうした健康リスクを防ぐためには運動や生活中の活動でよく体を動かすことが不可欠です。

職場での運動・身体活動を増やす取り組みは楽しくできる、無理なくできるというのがポイントです。私の知っている会社では社員に野球やサッカーが好きな人が多いので、昼休みや休日に集まれるメンバーでスポーツを楽しんでいるところがあります。ウォーキングイベントに参加する、社員に歩数計を渡してゲーム感覚で歩数を競争する、といった事例もあります。

楽しいイベント的な活動のほかに日常の通勤や仕事での身体活動を増やすのも有効です。徒歩通勤や自転車通勤をできるように社内のルールを整備するのも一案です。電車通勤でも最寄り駅まで毎日歩いて往復している人は3分ごとに普通の歩き方と早歩き（全速力の7割程度）を交互に繰り返すインターバル速歩をすると、筋肉を増やす効果が高まります。

ほかにも職場でラジオ体操をする、フロアの移動は階段を推奨するなど、無理なく取り入れられ、続けられる活動がいろいろ考えられます。

健康管理④　飲酒・喫煙のコントロールも重要

血圧、血糖、血中脂質、肥満、メタボ、肝機能といった健診数値を改善するためには、アルコールとたばこにも注意が必要です。

2020年4月から健康増進法の一部が改正・施行になり、社員が集まる事務所も原則屋内禁煙となっています。屋内での喫煙を認める場合は喫煙専用スペースを設置する必要があります。これは「望まない受動喫煙をなくす」のが目的ですが、そもそも喫煙は、本人にとっても健康に有害であることを再確認してください。

たばこを吸うことは、いってみれば有害物質を吸い込む行為です。たばこの煙の中ではさまざまな燃えカスが生成されています。この燃えカスには、ニコチンや一酸化炭素、タールといった健康被害をもたらす有害物質が、約200種類も含まれています。

喫煙が引き起こすという因果関係が確実とされている健康障害には、次のようなものがあります。

・がん：肺、口腔・咽頭、喉頭、鼻腔・副鼻腔、食道、胃、肝、膵、膀胱、子宮頸部
・肺がん患者の生命予後悪化、がん患者の二次がん罹患、かぎたばこによる発がん
・循環器の病気：虚血性心疾患、脳卒中、腹部大動脈瘤、末梢血管硬化症
・呼吸器の病気：慢性閉塞性肺疾患（COPD）、呼吸機能低下、結核による死亡
・糖尿病：2型糖尿病の発症
・その他：歯周病、ニコチン依存症、妊婦の喫煙による乳幼児突然死症候群（SIDS）、早産、低出生体重・胎児発育不全

長くたばこを吸っている人は「今さら禁煙しても遅い」と思うようですが、いつからで

[図表 15] たばこの害、アルコールの適量

喫煙の身体に及ぼす影響

有害物質	おもな性質・作用	身体に及ぼす影響
ニコチン	自律神経を刺激	血圧が上昇する。心拍数が増加する
	依存症	離脱症状として、たばこへの渇望や短気、不安、集中困難、イライラ感などがある
一酸化炭素	酸素供給の低下	赤血球の酸素運搬を妨げる ➡持続的に酸素が不足した状態(酸欠状態)になる
	動脈硬化の促進	善玉(HDL)コレステロールの値が低下する
タール	発がん性	油のようにベタベタしている ➡のどや肺に付着しやすい ➡がんを誘発する

禁煙をした際に得られる効果

直後
周囲の人をたばこの煙で汚染する心配がなくなる

20 分後
・血圧と脈拍が正常値まで下がる
・手足の温度が上がる

8 時間後
・血中の一酸化炭素濃度が下がる
・血中の酸素濃度が上がる

24 時間後
心臓発作の可能性が少なくなる

数日後
・味覚や嗅覚が改善する
・歩行が楽になる

2 週間～3 カ月後
心臓や血管など、循環器機能が改善する

1 カ月～9 カ月後
・せきや喘鳴が改善する
・スタミナが戻る
・気道の自浄作用が改善し、感染を起こしにくくなる

1 年後
肺機能の改善がみられる
※軽度・中等度の慢性閉塞性肺疾患のある人

2～4 年後
・虚血性心疾患のリスクが、喫煙を続けた場合に比べて 35%減少する
・脳梗塞のリスクも顕著に低下する

5～9 年後
肺がんのリスクが喫煙を続けた場合に比べて明らかに低下する

10～15 年後
さまざまな病気にかかるリスクが非喫煙者のレベルまで近づく

純アルコール 20 g に相当する酒量

ビール(5%)	:ロング缶 1 本(500ml)
日本酒	:1 合(180ml)
ウィスキー	:ダブル 1 杯(60ml)
焼酎(25 度)	:グラス 1/2 杯(100ml)
ワイン	:グラス 2 杯弱(200ml)
チューハイ(7%)	:缶 1 本(350ml)

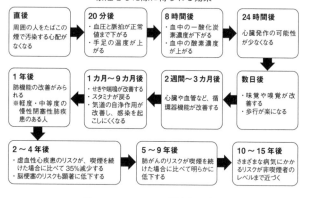

も禁煙をすれば健康リスクは確実に下がります。今は、薬を使ってつらい離脱症状を抑えながら、禁煙に導く禁煙外来も増えています。職場で地域の禁煙外来の情報提供をしたり、受診費用の補助などを行ったりするのも効果があります。

２０２０年４月からは健康保険による禁煙外来で、オンライン診療が認められるようになっています。標準的な禁煙プログラム計５回のうち、初診と最終診察を除く３回は、オンライン診療が可能です。また健康保険組合が実施する禁煙治療では、すべてオンラインで受診できる場合もあります。仕事で通院の時間がとりにくい人でも治療を受けやすくなっています。

一方のアルコールは緊張を緩和し心身をリラックスさせる職場などのコミュニケーション促進といった効用もありますが、飲み過ぎると逆効果で健康を害します。アルコールの過剰摂取が関係すると考えられる健康障害には次のようなものがあります。

・アルコールの毒性による疾患：急性アルコール中毒、アルコール依存症
・がん：口腔・咽頭、喉頭、食道、肝臓、大腸、女性の乳がん
・肝臓・膵臓疾患：脂肪肝、アルコール性肝炎、肝硬変、慢性膵炎
・生活習慣病：糖尿病、脂質異常症、メタボリックシンドローム、高尿酸血症、痛風
・その他：歯周病、うつ病、認知症、胎児の形態異常・脳障害

近年、若い世代にも飲酒習慣がある人が増え、若い頃からの多量飲酒によりアルコール依存症のリスクが高い人も増加傾向にあります。よくいわれることですが、お酒はほどほど、「適量」を守ることが肝心です。

アルコールの1日あたりの適量は意外に少ないので、低カロリーのおつまみを食べながら、ゆっくり飲むことがポイントです。女性や高齢者、お酒を飲むと顔が赤くなる体質の人は、図表15の目安よりもさらに少ない量が「適量」になります。年齢・性別や体質、体調に合わせて上手にお酒と付き合うことが大切です。

健康管理⑤　ストレスチェックなどの助成金を活用する

２０１５年12月から、従業員50人以上の職場で年1回の「ストレスチェック」実施が義務付けられました。

従業員50人未満の職場では義務ではありませんが、職場のストレス状況を把握したいといった希望があれば、ストレスチェックは有効に活用できるものです。ただし、職場の定期健康診断とは違い、経営者や担当者が個々の社員の結果を見ることはできません。

ストレスチェックの目的は大きく2つあります。一つは受検した社員が、自分のストレスが高いか低いかを知ることができるということです。高ストレスと判定が出た社員が希望する場合には、会社が産業医による面接を設定することになります。

会社の担当者は、社員にストレスチェックの結果が返ってきた段階で「どうだった？納得できる結果だった？」と声を掛け、確認します。「もし、納得がいかなければ専門家につなげるよ」と伝えておくと効果的な高ストレス者の支援になります。

ストレスチェックの目的のもう一つは職場の集団としてのストレス状況を把握し、職場改善につなげることです。一般的な「職業性ストレス簡易調査票」を使用する場合では、仕事の量的負担と仕事のコントロール、上司の支援と同僚の支援といった指標から「仕事のストレス判定図」を作成します。これを踏まえ、仕事の量的負担が高いときには仕事量を調整する、といった対策につなげます。

ストレスチェックの集団分析を活用するのであれば、年1回継続的にチェックを行い、対策によって職場のストレス状況が改善しているか評価していくことができます。

50人未満の職場がストレスチェックを行うときに使える助成金もあります。

労働衛生教育① 研修や講習で、社員のヘルス・リテラシーを高める

産業保健の5管理の4つ目が労働衛生教育（労働安全衛生教育）です。これは社員が労働災害や健康障害を予防し、心身の健康を守りながらいきいきと働くことができるように、会社が教育を行うことです。

具体的な取り組みとしては、安全講習や研修、健康セミナーなどを実施するケースが多いです。定期的に行う衛生委員会や、職場懇談会を教育の機会に充てる例もよくあります。

労働安全衛生法に基づく労働安全衛生教育には次の6つがあります。
①雇入れ時の教育
②作業内容変更時の教育
③特別の危険有害業務従事者への教育（＝特別教育）
④職長などへの教育
⑤危険有害業務従事者への教育
⑥安全衛生水準向上のための教育

労働衛生教育をする対象でいうと新規入職者や有害物質や危険物を扱う社員など特定の社員を対象にしたものと、社員全体に向けた教育、そして管理職など部下を管理する社員を対象にした教育があります。

一般社員を対象にした労働衛生教育でも、講習・研修の内容はさまざまなテーマが考えられます。定期健診を受けたあとなら、健診結果の見方や数値改善に役立つ健康的な食習慣、運動習慣を学ぶ講習も効果的です。社内の担当者だけで教育をするのが難しいときは、各地の労働局や地域産業保健センターなどに依頼し、産業医や保健師による講習・講話をお願いすることもできます。

また産業保健関係の団体では、労働衛生教育のための動画を無料で提供しているところもあります。中高年労働者向けの教育動画などもありますから、職場のニーズに合わせて社員教育を行っていくことができます。

労働衛生教育②　メンタルヘルスの4つのケア

社員のメンタル不調が多い職場では労働衛生教育でメンタルヘルスケアの教育が必要です。職場でのメンタルヘルスケアには「4つのケア」があります。

・セルフケア

社員が自分のストレスの状態を知り、ストレスをため過ぎないように気をつけたり、職場で必要な支援を求めたりすることです。自分で自分の心の状態に気づいて早く対処をすることで、うつ病などのメンタル不調を未然に防止できます。

・ラインケア

各部署の管理職によるメンタルヘルスケアです。管理職や上司が部下の心の状態に気づいて、早期に相談を行ったり、職場環境、業務内容の改善に取り組んだりすることでメンタル不調の発症・悪化を予防します。

・事業場内産業保健スタッフ等によるケア

職場内の産業医や保健師、衛生管理者などが社員本人や管理者に対して支援を行うことで、メンタルヘルス対策の効果が上がります。

・事業場外資源によるケア

外部の専門機関や専門家に依頼し、メンタルヘルス対策の支援を受けることです。

産業医を選任していない小さな会社のメンタルヘルスケアでは、上司や管理職のライン

［図表16］　4つのメンタルヘルスケア

①セルフケア （管理監督者も含む）	・ストレスやメンタルヘルスに対する正しい理解 ・ストレスチェックなどを活用したストレスへの気づき ・ストレスへの対処
②ラインケア 管理監督者（上司）が実施	・職場環境等の把握と改善 ・労働者からの相談対応 ・職場復帰における支援
③事業場内産業保健スタッフ等によるケア （産業医・保健師・衛生管理者・人事・労務担当者など）	・具体的なメンタルヘルスケアの実施に関する企画立案 ・個人の健康情報の取り扱い ・事業場外資源とのネットワークの形成やその窓口 ・職場復帰における支援
④事業場外資源によるケア （事業場外の機関・専門家によるケア）	・情報提供や助言を受けるなど、サービスの活用 ・ネットワークの形成 ・職場復帰における支援

によるケアがとても重要になります。部下に遅刻が増えた、仕事でミスが増えたなど「いつもと違う」様子があれば、外部資源の専門家に相談をするべきかもしれません。

本人に声を掛けるときはミスや遅刻を責めずに「体調を心配している」ことを伝えるようにします。メンタルヘルスの教育ではセルフケアやラインケアについて学べるサイトや動画なども多数あります。

体の健康もそうですが心の健康のためにも日頃から「何かあったときに相談しやすい」「気軽に声を掛けやすい」職場づくりを意識することが大切です。

【コラム】「いざというとき」のために知っておきたい職場救急

職場はいろいろな年齢、体調の社員が集まっています。ときには、社員が急に意識を失って倒れたり強い痛みや不調を訴えて苦しんでいたりするなどの救急事例が発生することがあります。

近年はＡＥＤ（自動体外式除細動器）が公共施設や人が集まる場所に設置されるようになり、職場にＡＥＤを置いている事業所も増えています。各地の消防署や保健所などでもＡＥＤの使い方を含めた救命救急講習を行っていますので、職場で講習を受けておくのも有意義です。いざというときに慌てずに必要な対処をできるよう準備をしておくと安心です。

職場で脳卒中の兆候など、自分や周りの人の危険なサインに気づいたときはためらわずに救急車を呼んでください。すぐに救急車を呼んだほうがいいのは、次のような場合です。

〈部位別〉

・手足：突然のしびれ、突然片方の腕や脚に力が入らなくなる

・胸や背中：突然の激痛、急な息切れ、呼吸困難、痛む場所が移動する、胸の中央が締め付けられるような痛みが2～3分続く
・顔：顔半分が動きにくい、しびれる、にっこり笑うと口や顔の半分がゆがむ、ろれつがまわりにくい、うまく話せない、視野がかける、ものが突然二重に見える、顔色が明らかに悪い
・腹：突然の激しい腹痛、持続する激しい腹痛、吐血や下血がある
・頭：突然の激しい頭痛、突然の高熱、支えなしで立てないくらい急にふらつく

〈症状別〉
・意識障害：意識がない、意識がおかしい、もうろうとしている、ぐったりしている
・けいれん：けいれんが止まらない、けいれんが止まっても意識が戻らない
・けが、やけど：大量の出血を伴う外傷、広範囲のやけど
・吐き気：冷や汗を伴うような強い吐き気
・飲み込み：食物を咽喉に詰まらせて呼吸が苦しい、変なものを飲み込んで意識がない

・事故：交通事故にあった（強い衝撃を受けた）、水に溺れている、高所から転落

右のような場合は脳卒中や心筋梗塞といった病気や命に関わる緊急性の高い症状が起こっている可能性があり、処置が遅れるほど命の危険が高くなります。

119番に電話をして救急車を呼ぶとともに救急車が着くまでの職場での対応を指示してもらいます。必要があれば胸骨圧迫（30回）や人工呼吸（2回）を繰り返し行い、AEDを用意できるときは使用します（感染症の流行があるときは、傷病者の鼻と口にハンカチやタオルをかぶせて胸骨圧迫を行い、人工呼吸は実施しなくてもよいです）。

日本赤十字社で公開している「一次救命処置（BLS）―心肺蘇生とAED―」の動画などを職場の講習などに活用するのもおすすめです。

［第5章］

産業医とタッグを組めば、「健康な職場づくり」が円滑に進められる

職場の健康づくりに役立つ「外部資源」

職場の健康づくりで活用すべきなのが、各都道府県にある「産業保健総合支援センター」や、その地域窓口である「地域産業保健センター」です。

私が活動している愛知県の例でみると、名古屋市に愛知産業保健総合支援センターがあり、経営者や人事・労務担当者（衛生管理者）を対象に次のような活動を無料で行っています（「愛知産業保健総合支援センターご案内2019年1月」パンフレット。一部修正）。

・産業保健総合支援センターの事業（愛知産業保健総合支援センターの例）

①産業保健関係者に対する専門的研修など
②産業保健関係者からの専門的相談対応
③メンタルヘルス対策の普及促進のための個別訪問支援
④治療と仕事の両立支援
⑤産業保健に関する情報提供・広報啓発

⑥事業主・労働者に対する啓発セミナー

また愛知県内には地域産業保健センターが14か所（2022年1月現在）設置されており、50人未満の小規模事業所を対象に以下のようなサービスを提供しています。

・地域産業保健センターの事業（愛知県の例）

①労働者の健康管理に係る相談

健康診断の結果、脳・心臓疾患関係のおもな検査項目（血中脂質、血圧、血糖、尿糖、心電図）に異常の所見があった労働者に対して、医師または保健師が日常生活面での指導などを行っています。

②健康診断の結果についての医師からの意見聴取

健康診断の結果、異常の所見があった労働者に関して、健康保持のための対応策などについて、事業主が医師から意見を聞くことができます。

③「長時間労働者」や「ストレスチェックに係る高ストレス者」に対する面接指導

時間外労働が長時間に及ぶ労働者や、ストレスチェックの結果から高ストレスであるとされた労働者に対し、医師が面接指導を行います。

④個別訪問による産業保健指導

医師や労働衛生工学の専門スタッフ（労働衛生コンサルタント・作業環境測定士など）が事業場を訪問し、作業環境管理、作業管理、メンタルヘルス対策などの健康管理の状況を踏まえ、総合的な助言・指導を行います。

各地の産業保健総合支援センターや地域産業保健センターを利用するときは、事前の申し込みが必要です。利用回数には制限がありますが、こうした外部資源を活用すると、職場内だけでは対応が難しいところを補ってもらうことができます。

このほかに産業保健に関わる外部機関には、次のようなものもあります。

・都道府県労働局、労働基準監督署

健康診断の費用や衛生教育に関する時間の取り扱い、労働災害が発生したときの手続き、労災保険の加入、労災保険給付などについて相談ができます。

・中央労働災害防止協会

労働災害を防ぐために、事業場の安全衛生水準向上を支援する組織です。安全衛生に関する研修・講習、リスクアセスメントに関する研修などの実施、安全衛生情報の提供、ストレスチェックや生活習慣についてのアドバイスなどを行います。

・メンタルヘルスサービス機関（外部ＥＡＰ機関）

心理職などの専門スタッフが労働者からの相談を受け付ける機関です。ストレスチェックの実施や職場環境改善の助言、休職者の職場復帰支援などを行います。

産業保健の資料を提供しているウェブサイトや情報源

最近では労働災害や業務による健康障害の防止、働く人の心身の健康について記事や動画などで情報提供をするウェブサイトもさまざまなものがあります。おもなものをいくつか紹介しておきます（情報は２０２２年1月現在）。

・職場のあんぜんサイト

厚生労働省のサイトです。労働災害統計や労働災害事例、労働安全衛生に関する各種教材などの情報提供をしています。産業保健に関わる補助金の紹介、ＳＴＯＰ転倒災害プロジェクト、安全で安心な店舗・施設づくり推進運動など、具体的なテーマを絞った活動も実施しています。

・働く人のメンタルヘルス・ポータルサイト「こころの耳」

同じ厚生労働省のメンタルヘルス支援のサイトです。労働者本人のセルフケア、管理職によるラインケア、職場全体の支援、労働者の家族の支援など、さまざまな立場からのメンタルヘルスを守る具体的な情報を提供しています。セルフケアやラインケアのｅラーニング（情報通信技術を使った学習）教材も掲載されています。

・中央労働災害防止協会　安全衛生情報センターホームページ

産業保健に関する各種法令や労働災害統計、労働災害事例などを掲載しています。労働安全衛生に関する図書類のほか、ポスター、ステッカーなどの安全衛生の表示の販売も充実しています。中小企業の安全衛生を支援する無料アドバイス、セミナー・研修の割引なども行っています。

・労働者健康安全機構（ＪＯＨＡＳ）ホームページ

労働者健康安全機構は、各地の産業保健総合支援センター（地域窓口を含む）を管轄している独立行政法人です。産業保健についての全国の相談窓口や、助成金などについての情報提供を行っています。治療と就労の両立支援、ストレスチェック制度の相談電話受付なども行っています。

小さな会社の健康づくりをサポートする補助金・助成金

できるだけコストを抑えて職場の健康づくりをしたいというときに活用したいのが、産業保健にまつわる助成金、補助金です。助成・補助を行う団体はいろいろありますが、労働者健康安全機構が行っている助成金には、次のようなものがあります（2022年1月現在）。

・ストレスチェック助成金

小規模事業場が産業医の要件を備えた医師と契約し、ストレスチェックや事後の面接指導などを行ったときに助成されます。金額は、ストレスチェックの実施では従業員一人あたり上限500円、医師の活動費用に対して一回あたり上限2万1500円（3回まで）。また、ストレスチェックを実施後に、専門家の指導を受けて職場環境改善を行うときには「職場環境改善計画助成金」を受けられる場合もあります。

・心の健康づくり計画助成金

メンタルヘルス対策促進員の助言・支援（訪問3回まで）を受け、ストレスチェックの実施を含む「心の健康づくり計画」を作成し、計画に基づいてメンタルヘルス対策を実施したときに助成されます。助成額は一事業主あたり一律10万円で、助成を受けられるのは将来にわたり1回限りです。

・事業場における労働者の健康保持増進計画助成金

従業員の健康を保持増進するために、運動指導、メンタルヘルスケア、栄養指導、口腔保健指導、保健指導などを盛り込んだ「健康保持増進計画」を立てて実施した場合に助成を受けられます。対象となる費用は「健康測定」「健康指導」「研修など」のいずれかの措置の実施費用で、上限10万円（将来にわたり1回限り）です。

・小規模事業場産業医活動助成金

小規模事業場が産業医などと契約して産業医活動を実施したときに、助成されます。6カ月以上の継続的な産業医活動契約に基づいて実施した産業医活動の費用に対して、6カ月あたり10万円を上限に支給します。一事業場あたり将来にわたり2回限り助成されます。産業医のほか、保健師との契約にも助成があります。

これらの助成金には申請できる時期や回数が限られるものもあります。詳しくは、労働者健康安全機構や厚生労働省のウェブサイトで確認できます。条件に合う助成金・補助金を上手に活用すれば、コストを抑えながら職場の健康づくりを進めることができます。

専門家と一緒に健康づくりをするなら、産業医の選任を

従業員50人未満の小さな職場は産業医の選任が義務付けられていません。しかし、社内の人員だけで健康づくりを継続的・計画的に行っていくのが難しい、専門家と相談をしながら一緒に健康づくりをしていきたいというときは50人未満の職場でも産業医を選任することが解決の早道です。

産業医には二つの活動スタイルがあります。大企業に雇用されて職場に常駐して活動する「専属産業医」と、会社と契約をして衛生委員会や職場巡視など必要に応じて職場を訪問して活動する「嘱託産業医」です。小さな会社では後者の嘱託産業医と契約をすることになります。

そして嘱託産業医も大きく二つのパターンがあります。一つは、クリニック・診療所の

開業医や病院に勤務する勤務医が地域の企業と契約し、臨床のかたわら産業医として活動するパターンです。

もう一つは産業医事務所を開設するなどして、産業医としての活動を専門的に行うパターンです。産業医を専門とする場合は、医師一人あたり20～30社と契約をしているケースもありますし、産業保健師や産業看護師とチームで活動しているところもあります。

私自身は産業医事務所の代表を務めながら訪問診療も行っているので、いわば二つを兼ねているかたちですが、一般論でいえば、職場の健康づくりや産業保健についての知識・実績は、産業医を専門とする医師のほうが豊富です。

もちろん勤務医や開業医で産業医の活動をしている医師でも、働く人の生活習慣病や健康障害の予防に熱心な先生はたくさんいます。ただ嘱託産業医の場合、医師によってまだ産業保健の意識や経験に差があるのも事実です。

新たに産業医を選任しようというときは、自分たちの職場の健康づくりに何をしてもらえるか、どういう活動にどのように関わってもらえるのかをよく確認したうえで、選ぶ必要があります。

「名ばかりの産業医」では、会社も医師も損をしている

近年、産業保健の世界で問題視されているのが嘱託産業医の「名義貸し」、「名ばかり産業医」の存在です。これは、労働基準監督署対策や健康経営のアピールのために会社で産業医を選任・契約しているものの、産業医としての活動がほとんど行われていないような状況を指します。

契約している産業医がやっていることといえば、1年に1回、定期健康診断の判定をして、必要書類に判子を押しているだけだったりします。また衛生委員会や職場巡視をしているといっても名ばかりで、定期的に産業医が会社に来てただお茶を飲んで帰るという場合もあります。

こういう名ばかりの産業医選任は会社にとっても産業医として活動する医師にとっても損なだけでいいことは何もありません。仮に名義だけであっても、嘱託産業医を選任して契約すれば月あたり3～6万円くらいの費用は掛かります。それだけ費用を掛けていながら年に何度か判子をもらうだけというのは、いくら健康経営やコンプライアンスのためと

いっても、もったいない話です。

さらに経営者の考え方によっては、余計な産業医面談などをしてコストを増やしたくないからと、産業医が職場に深く関わるのを嫌がる人もいます。社員の側にしても、産業医に体調について率直に相談して経営者や上層部に自分の心身の健康状態が伝わり、昇進や雇用継続に支障が出るのは嫌だと考えてしまう人も少なくないようです（実際には、本人の承諾がなければ個人の情報を会社に漏らすことはありません）。

これは産業医である医師にとっても悲しむべきことです。産業医のなかにも、名前を貸すだけでほとんど何もしなくても月に何万円か小遣いが入ってラク、と考える人もいるかもしれません。しかし多くの医師はせっかく会社に関わるのであれば、職場が健康になってほしい、労働者が病気やけがを予防していきいきと働ける作業環境創出に貢献したい、と考えるはずです。

名ばかり産業医では医師としてのやりがいや有用感を得られず、たまに職場に行っても経営者にも社員にも煙たがられ産業医の業務にいつまでも自信をもてないことになってしまいます。

会社は、もっと産業医を活用してほしい

私は産業医が名義だけの存在にとどまらず、職場の健康づくりを効果的に支援していけるようになるためには、現在の産業保健のあり方も見直していく必要があると思っています。

現在は嘱託産業医が基本的な産業保健活動をしっかり行っていても、社内の安全や健康の課題を話し合う衛生委員会や職場懇談会の開催は多くても月1回です。つまり産業医が職場に行くのは1カ月〜数カ月に一度だけなので、メンタル不調のような気になる様子の社員が出た場合に「1カ月後に産業医の先生が来たら相談しよう」となってしまいます。これではまったく遅すぎる、という根本的な問題があります。

実際に私もメンタルの不調の社員に悩みや問題を相談されることがありますが、面談をしても復職につながらず、離職してしまう人が一定数います。産業医に自ら相談しようと思う段階にまで来ている時点で、もはや手遅れというほど深刻な事態になっているのです。

［図表17］　新産業保健　概念図

—これまで—

産業医が企業側に属すイメージで、働く側が活用しにくかったり、制度や規制から外れそもそも活用されていなかったりする

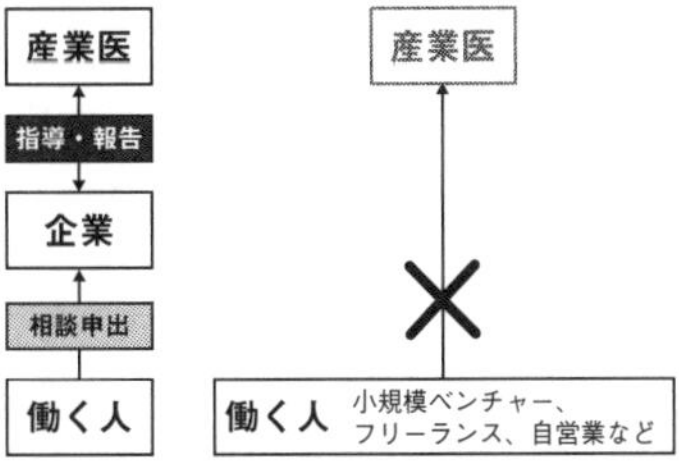

- 指導報告　申し出のあった社員に対し面談などでアドバイス、企業への報告を行う
- 相談申出　面談を申し出または報告し、産業医と面談などを行う

産業保健の新モデル —こころめいと—

産業医が働く側に近く企業規模を問わず活用できる

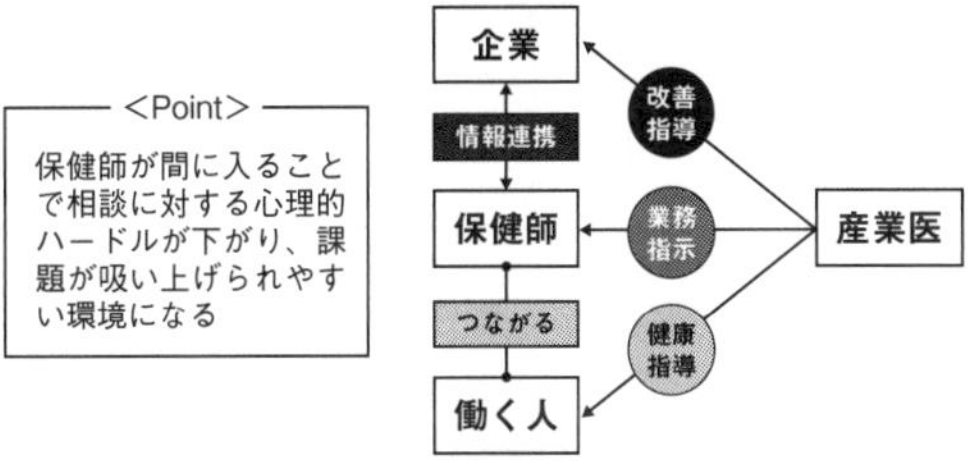

- 情報連携　健診結果を分析し、すばやくフィードバック
- つながる　直接・個別に気軽に健康相談
- 改善指導　全従業員の健康を監督する立場で、健康的な業務改善などをアドバイス
- 業務指示　保健師の業務責任者の立場で、適切な保健業務の遂行をフォロー
- 健康指導　働く人が頼る医師の立場で、健康相談や医療的な対策をアドバイス

労働者がメンタル不調で遅刻や欠勤するといった目に見える兆候が表れた時点で、すでにその人はかなり無理をしています。「怠けちゃいけない」「こんなことで休んじゃいけない」「もっと頑張らないと……」とつらい心と体にムチを打ってやっと職場に来ています。ですから、上司や周囲の同僚がそういうちょっとした異変に気づいた時点で、産業医や産業保健師に相談できるシステムが必要です。

私の産業医事務所ではその点をカバーするために新しい産業保健のモデルを構築しています。産業医よりも社員に近い産業保健師が会社と労働者、あるいは産業医と労働者の間に入ることですばやくスムーズな情報共有が可能になります。そして働く人の健康不安や小さい異変を早い段階でキャッチし、それに対する医療的な支援をしたり社内対応のアドバイスをしたりしていきます。

このようなしくみはすべての産業医に対応してもらえるわけではないかもしれません。しかし、会社の経営者や人事・労務担当者が契約している産業医に「こういう対応をしてほしい」「このような問題の改善に協力してほしい」と具体的に要望していくことが、職場を健康にしていくために非常に重要なのです。

職場の人は「忙しい産業医の先生に余計な相談をしてはいけない」と遠慮をしていることが少なくありませんが、産業医を〝お客さん扱い〟していても、お互いにあまりいいことはありません。お願いしたいことは要望し、契約している産業医に対応してもらえないときは、別の産業医を探すというのも一つの選択肢です。

社員も「健康に働ける」環境・職場を要求しよう

一般の社員の立場からも自分が心身の健康を守って働くための主張をしたり、行動を起こしたりすることが大事です。会社が職場環境を整えてくれるのをただ待っている、会社が考える健康計画はどうせ的外れだからとあきらめているというのでは健康な職場づくりは進展しません。

私が経営者や社員の方々とそれぞれ話をしていると、社長と一般社員、上司と部下では、考え方や視点がお互いに違うと感じることがあります。

例えば部下の人が過重な業務や上司のプレッシャーに疲れて、退職を希望したとします。このとき上司が「辞めるなんて無責任だ」と言うと部下はその一言もパワハラだと感じてしまいます。ところが上司にそのときの気持ちを聞くと、「何とか職場に残ってほしいという気持ちで退職希望に強く反論した」と話すことがあります。上司も部下を思って発した言葉だったのに、逆効果になってしまっていたのです。上司の性格やマネジメントの是非というより、こうしたコミュニケーションの行き違いで社員の心の状態が悪化してしまうことも少なくありません。

また、社長について能力も人格も全面否定するような話を社員から聞いていても、その社長と話をすると、経営状況が厳しいなかで社員に前年同様のボーナスを出すために社会保険料の支払いを遅らせるなどして必死に資金繰りに奔走していた例もありました。社長と社員、上司と部下がお互いのことをよく知らないために思わぬ方向にすれ違ってしまうことがあるのです。

ですから「うちの社長はこうだから」「どうせうちの職場は」と決めつけてしまわず、「ここがやりにくいから、なんとかならないか」「こんな職場にしていきたい」と社員からも積極的に意見を出すことは、会社のために必要なことなのです。

配偶者が妊娠した男性社員が職場で「今まで育児休業をとった前例はない」と言われたら、「自分が男性社員の育児休業取得の第一号になります」と表明すればいいのです。健康に不安があるときや通院で休暇を取りたいときの相談窓口が欲しいなら、それを職場で意思表示するのです。前例や経験がないことに対してできない理由を探すばかりではなく、どうしたらできるかを職場の人と相談し考えていくことが大事です。

従業員数にかかわらず、すべての会社に「顧問医」を

年齢や性別、病気や障害の有無にかかわらず働く人の健康を守ることが産業医の使命です。そして産業医である私の目標は、従業員数にかかわらず日本のすべての会社に産業医が選任されるようになることです。

産業医という言葉はまだ一般の人にはなじみが薄いので「顧問医」という呼び方でもいいかもしれません。仕事で法律に関することは顧問弁護士に相談し、会計や税金については顧問会計士や税理士に相談するように、働く人の心身の健康については顧問医がいて、いつでも経営者や社員が気軽に相談ができる――そんなしくみを確立していけるといいの

ではないかと想像しています。

そして職場内での健康保持・増進が当たり前になり、職場に行くとますます健康になる、妊娠・出産や病気を経験したとき、年をとったときにも安心して働き続けることができる、そういう職場が増えれば、日本はもっと過ごしやすい国になるはずです。少子高齢化や労働力人口の減少、医療費・社会保障費の増大という暗い未来しか描けない国から高齢になっても国民の心身が健やかで長い人生を不安なく生きていける幸せな国に転換していけるはずです。

おわりに

この本は、私の2冊目の著作になります。1冊目は『なぜ小規模事業者こそ産業医が必要なのか』（幻冬舎メディアコンサルティング）というタイトルで2021年に出版しています。こちらは50人未満の小規模事業者こそ社員の健康管理が必要であること、小規模事業者が産業医を選任し、産業医とともに健康経営を進める方法などについてまとめています。ご興味があれば、こちらもぜひ参考にしていただければと思います。

2冊目の本書では、社員の健康管理に掛けられる費用や人員が限られていてもできる取り組みとして、「コストゼロでつくる健康な職場」をテーマにしました。

現時点で産業医を選任していない職場でも、毎年実施している職場の定期健康診断をもとに自分たちで職場の健康づくりを進めるにはどうすればいいかを、できる限りわかりやすく書きました。定期健康診断結果の見方や集団としての分析、それを基にした健康づくりの実践について、より具体的な内容を盛り込んだつもりです。

「これなら、うちでもできるかも」「それほどコストを掛けなくてもいいなら、取り組んでみよう」と思っていただける部分が少しでもあったのであれば、うれしく思います。

健康経営や職場の健康づくりは産業医や専門スタッフがいないとできない特殊なことではなく、もっと普通のこと、当たり前のことです。小さな会社だからできないと思わず、まずは一歩を踏み出していただければと思います。

私が産業医として活動をするうえで心の奥に一貫してある思いがあります。

それは「産業保健の世界に革命を起こしたい」ということです。革命というと、ちょっと大げさに聞こえるかもしれませんが、今の日本の産業保健には大小さまざまな課題があるのも事実です。

従業員数50人以上と50人未満で産業医の選任義務が異なり、健康格差が生まれてしまっているのもその一つです。中小規模の職場では、せっかく産業医を選任していても「名ばかり産業医」が多いのも課題です。産業医の役割にしても、コロナ禍ではワクチンの職域接種で少しばかり存在が見直されたかもしれませんが、一般臨床とかけ離れている医師が担う役割というイメージを抱く人は、一般の人にも医師たちにも少なくありません。医師にとって産業医であることに誇りをもちにくい雰囲気がまだまだあります。

しかし本来、地域医療や地域保健によって働く人々が病気にならないようにする、あるいは病気になってもより軽い治療で済むようにすることは、重い病気を治療する病院での医療よりも、実はずっと重要なことです。もっと産業医が効果的な活動をできるようになれば、産業医自身もやりがいを感じながら、職場や社会の健康増進を行っていくことができます。

現在のわが国の産業保健はまだまだ発展途上です。しかしどれほど課題が山積みでも、私は諦めたくないのです。だから革命を起こすという覚悟で産業保健の発展のために行動し、今後も書籍やウェブなどでの情報発信を続けていくつもりです。

私自身もこの数年はコロナ禍でなかなか思うように活動できず、疲労困憊してしまう日もありました。けれども、困難に直面することで新しい英知が生まれてくることもあります。明るい未来の到来を信じ一緒に頑張っていきましょう。

〈参考文献〉

・「長時間労働が労働者の健診等データに与える影響に関する調査研究（平成20年度報告）」独立行政法人労働者健康福祉機構 三重産業保健推進センター、村田真理子ら
・「健康診断結果の経年変化に視点をおいた望ましい健診結果の活用と事後措置のあり方に関する研究（平成29年度～令和元年度　総合研究報告書）」立道昌幸ら、2020年
・「企業の『健康経営』ガイドブック～連携・協働による健康づくりのススメ～（改訂第1版）」経済産業省商務情報政策局 ヘルスケア産業課
・「産業医と労働安全衛生法の歴史」堀江正知、産業医科大学雑誌第35巻特集号『産業医と労働安全衛生法40年』：1‐26、2013年
・「健康宣言　ver2021‐4」リーフレット、全国健康保険協会 愛知支部
・「愛知産業保健総合支援センターご案内」パンフレット、独立行政法人労働者健康安全機構
・「WHO身体活動・座位行動ガイドライン（日本語版）」
・「『座りすぎ』ていませんか」荒木邦子、岡 浩一朗、早稲田大学スポーツ科学学術院
・『職場の健康がみえる　産業保健の基礎と健康経営　第1版』医療情報科学研究所編、メディックメディア、2019年
・『課題ごとに解決！　健康経営マニュアル』亀田高志、日本法令、2018年
・『健康経営、健康寿命延伸のための「健診」の上手な活用法』高谷典秀、法研、2015年
・『産業保健ハンドブックシリーズ②改訂4版　嘱託産業医のためのQ&A』森 晃爾、2015年
・厚生労働省、経済産業省、国立がん研究センター　がん情報サービス、全国健康保険協会、中央労働災害防止協会、労働者健康安全機構の各ホームページなど

富田崇由（とみだ たかよし）
1978年生まれ、愛知県名古屋市出身
2003年3月 浜松医科大学卒業
2003年4月 名古屋第一赤十字病院にて研修
2005年4月 同病院救命センタースタッフとして地域医療災害医療にも携わる
2008年4月より複数の在宅クリニックにて在宅ホスピスに従事
2014年11月 ナラティブクリニックみどり診療所開院（内科心療内科精神科）
2016年4月 セイルズ産業医事務所開設
「患者のストーリーに寄り添ってベストな治療方針を」を信念にしている。2016年産業医事務所を開設後は、会社を「小さなクリニック」にすべく小規模事業者にも産業医の必要性を訴えている。

本書についての
ご意見・ご感想はコチラ

コストゼロでつくる
小さな会社の健康な職場

二〇二二年三月一七日 第一刷発行

著者 富田崇由
発行人 久保田貴幸
発行元 株式会社 幻冬舎メディアコンサルティング
〒一五一-〇〇五一 東京都渋谷区千駄ヶ谷四-九-七
電話 〇三-五四一一-六四四〇（編集）
発売元 株式会社 幻冬舎
〒一五一-〇〇五一 東京都渋谷区千駄ヶ谷四-九-七
電話 〇三-五四一一-六二二二（営業）
印刷・製本 中央精版印刷株式会社
装丁 小関千陽

検印廃止

Printed in Japan ISBN 978-4-344-93716-1 C0034
幻冬舎メディアコンサルティングHP http://www.gentosha-mc.com/